SOLO PARA ELLAS

Cuán lejos
es demasiado lejos
y otros de "esos" temas

SOLO PARA ELLAS

Cuán lejos

es demasiado lejos

y otros de "esos" temas

WITHDRAWN

 Vida®

 Especialidades Juveniles

La misión de Editorial Vida es ser la compañía líder en comunicación cristiana que satisfaga las necesidades de las personas, con recursos cuyo contenido glorifique a Jesucristo y promueva principios bíblicos.

SOLO PARA ELLAS
Publicado por Editorial Vida – 2009
Miami, Florida

© 2009 por Especialidades Juveniles

Edición: *Eliezer Ronda*
Editora general: *Kristy Motta*
Diseño interior: *Luvagraphics*
Diseño cubierta: *Luvagraphics*

ISBN - 978-0-8297-5734-7

CATEGORÍA: Vida cristiana/Mujeres

IMPRESO EN ESTADOS UNIDOS DE AMÉRICA
PRINTED IN THE UNITED STATES OF AMERICA

09 10 11 12 ❖ 6 5 4 3 2 1

Índice

Libérate del temor

Por Aline Barros

1

Libérate del temor
Por Aline Barros

En el momento más difícil de mi vida, pude darme cuenta que podía ser libre de este sentimiento que paralizó mi vida aproximadamente dos meses.

Crecí en un hogar cristiano. Mis padres conocieron a Jesucristo cuando era apenas una niña; dos años. Comencé a cantar en eventos sociales a la edad de cinco y recuerdo la maravillosa sensación que se sentía al escuchar los primeros acordes en la guitarra de mi padre. ¡Cuánto amaba alabar a Dios! Pasaba momentos preciosos en mi habitación adorándolo, leyendo su Palabra y agradeciendo por el don que me había otorgado. En casa, en el colegio o en la iglesia, no importaba el lugar. Mi mayor deseo era alabar a Dios en todo tiempo.

Fue en la iglesia donde escuché por primera vez sobre la existencia de las fuerzas del mal, quienes intentaban en todo tiempo acallar nuestra voz, impidiendo que alabáramos a Dios, frustrar nuestros sueños y paralizarnos.

En el año 2003, casi al final de mi embarazo, atravesé una época muy peculiar en el ministerio. Mientras realizaba viajes por el Brasil y otros países del mundo, comencé a sentir algo extraño en mi garganta pero no le di mucha importancia.

Al poco tiempo nació mi hijo Nicolás (¡Es maravilloso ser madre!). Fue precisamente en ese momento de mayor alegría en mi vida cuando tuve la certeza de que algo estaba sucediendo con mi voz. Quede muy preocupada porque estaba muy afónica y mi voz no volvía a la normalidad, entonces fui al doctor. Él me informó sobre

la gravedad del problema. Encontró que tenía una rasgadura en las cuerdas vocales y me quedaba solamente 5% de voz. No podía ni hablar. La fatal noticia: nunca más volvería a cantar.

En ese momento el miedo invadió mi corazón. Pasaba horas encerrada en mi cuarto llorando. El miedo tomó control de mi vida y pasé noches sin dormir, madrugadas de agonía y lamento.

Fue en una de aquellas madrugadas que mi esposo me encontró de rodillas llorando. Me abrazó y juntos comenzamos a clamar a Dios. Él me recordó las promesas del Señor para mi vida y para nuestro hogar. La presencia de Dios se hizo manifiesta de una manera maravillosa. Sentíamos su amor abrazándonos, echando fuera todo temor. En ese momento sentí la mano de Dios tocando mis cuerdas vocales y restaurando por completo mi vida. Las palabras ardían en mi corazón y mi mente: "¡Estás sana, no temas!"

Algunos versículos vinieron a mi mente en ese tiempo:

> Éxodo 14:13: *Y Moisés dijo al pueblo: No temáis; estad firmes y ved la salvación que Jehová hará hoy con vosotros; porque los egipcios que hoy habéis visto, nunca más para siempre los veréis.*

> Deuteronomio 1:21: *Mira, Jehová tu Dios ha dado delante de ti la tierra: sube y poséela, como Jehová el Dios de tus padres te ha dicho; no temas ni desmayes.*

> Deuteronomio 31:6: *Esforzaos y cobrad ánimo; no temáis, ni tengáis miedo de ellos: que Jehová tu Dios es el que va contigo: no te dejará ni te desamparará.*

> Josué 1:9: *Mira que te mando que te esfuerces y seas valiente: no temas ni desmayes, porque Jehová tu Dios será contigo en donde quiera que fueres.*

> Isaías 41:10-13: *No temas, que yo soy contigo; no desmayes, que yo soy tu Dios que te esfuerzo: siempre te ayudaré, siempre te sustentaré con la diestra de mi justicia. He aquí que todos los que se enojan contra ti serán avergonzados y confundidos: serán como nada y perecerán los que contienden contigo. Buscarás a los que tienen contienda contigo y no los hallarás serán como nada y como cosa que no es aquellos que te hacen guerra. Porque yo Jehová soy tu Dios, quien te sostiene de tu mano derecha, y te dice: No temas, yo te ayudo.*

> Isaías 43:1-2: *Y ahora, así dice Jehová Creador tuyo, oh Jacob, y Formador tuyo, oh Israel: No temas, porque yo te redimí; te puse nombre, mío eres tú. Cuando pases por las aguas, yo estaré contigo; y si por los ríos, no te anegarán. Cuando pases por el fuego, no te quemarás, ni la llama arderá en ti.*

> 1 Juan 4:18: *En el amor no hay temor; mas el perfecto amor echa fuera el temor.*

Muchos otros versículos reconfortaron mi corazón. Toma tu Biblia y léelos para que tomen raíces en tu corazón y mente. (Romanos 8:15; Filipenses 1:28, 4:6-7; 2 Timoteo 1:7; Hebreos 13:5-6)

En ese tiempo de crisis pude vivir el milagro de Dios. Después de aquello grabé dos proyectos: "El poder de tu amor" (en español) y "Fruto de amor" (en portugués). Con este último proyecto, ¡Dios me regalo el primer Grammy Latino! Esto marcó una etapa distinta en mi trayectoria ministerial y pude aprender que crecemos y maduramos en medio de la crisis.

No te dejes intimidar. No permitas que el miedo controle tu vida, ni siquiera por un solo momento. El temor debe ser confrontado a través de la Palabra de Dios. Es imperativo demostrar al enemigo que el miedo no tomará control de ti. Acaba con el miedo. Sé libre hoy mismo. Confróntalo y vive completamente libre en el centro de la voluntad de Dios. (Salmo 118:9)

ATRÉVETE A PREGUNTAR:

¿Por qué le temo al rechazo? Ninguna de nosotras quiere ser "la recha". ¡Ni creas! Incluso la chica más popular le tiene miedo al rechazo. TODAS luchamos con el temor a ser rechazadas. Por eso, toma papel y lápiz y escribe los versículos que Aline te recomienda en este capítulo. Colócalos en lugares donde puedas leerlos o escribe palabras claves que te recuerden el versículo. Te ayudarán a recordar quién Él ha dicho que eres. Ideas creativas: Imprimir los versículos y la palabra clave que recuerde el versículo en papel especial para que las chicas lo puedan recortar y llevarlos con ellas.

BUSCANDO: Verdadera libertad.

Cuando buscas primero a Jesús, él te lleva a la verdad; y cuando reconoces esa verdad dentro de ti experimentas la libertad, que a su vez, te acerca al amor de Jesús. Su perfecto amor echará fuera tu temor haciéndote libre.

BELLEZA: Tu mejor aroma.

"Cool freedom" La libertad que hay en ti. Llévalo siempre contigo.

Consejo de belleza. Recuerda utilizar desodorante todos los días, aunque no lo creas, también la transpiración femenina se siente…y tú misma te sentirás fresca al utilizarlo. Al aplicarte un perfume ten en mente que es mejor cuando la piel no está totalmente seca. Luego, al vestirte, puedes rociar un poco pasando a través de ello. Esto puede ser un secreto sencillo para oler bien.

Ponte en forma

Por Gimena Sánchez Arnau

2

Ponte en forma
Por Gimena Sánchez Arnau

Qué importante es tener cuidado de nuestro cuerpo. Seguir una dieta balanceada en calorías y tener una rutina de ejercicios (ir al gimnasio, salir a caminar, montar tu bicicleta, etc.), nos proporciona bienestar y un estilo de vida saludable. En la Palabra de Dios, Pablo nos dice en 1 Corintios 6:19 a: *"¿Acaso no saben que su cuerpo es templo del Espíritu Santo, quien está en ustedes y al que han recibido de parte de Dios?..."* Así como cuidar nuestro cuerpo es necesario, lo es también cuidar nuestro interior. Cuando Dios creó al ser humano, no sólo lo creó con un cuerpo, también le otorgó alma, espíritu y la capacidad para relacionarnos con otros.

Los hábitos que ejercemos, seguramente los hemos practicado durante algún tiempo y ahora son parte de la vida diaria. Cuando eras pequeña, te enseñaron la importancia de cuidar tus dientes y, cada día, cuando te levantabas o antes de acostarte, seguramente escuchabas: "¿te lavaste los dientes?" Hoy seguramente no tengan que decirte que vayas a lavártelos; ya es parte de la rutina. Lo mismo pasa con los hábitos o disciplinas espirituales. Hay que comenzar a practicarlos cada día, hasta que se convierten en parte esencial de la vida.

¿Cómo tener un buen cuidado de la vida interior? ¿Existe algún gimnasio o asociación deportiva espiritual donde "entrenar" el espíritu? No. Todo hábito o disciplina requiere de tiempo y dedicación para que sea exitosa. Quizá puedas estar ocupada con tus responsabilidades y actividades sociales, por lo tanto no tienes mucho tiempo para invertir en tu espíritu. Quiero darte una buena noticia. ¡Dios nos ha regalado las disciplinas espirituales para que las desarrollemos en nuestra vida cotidiana!

Puedes relacionarte perfectamente bien con él día a día, como lo haces con tus amigas, maestros, familia, o compañeros de trabajo. También puedes invertir tiempo en cultivar esa amistad. ¿Es Jesús tu mejor amigo? ¿Cuánto tiempo pasas con él?

Él nos ha otorgado y, con su ejemplo, nos ha enseñado cuatro formas esenciales y prácticas para relacionarnos con él de manera más profunda a través de la práctica de estas disciplinas/hábitos espirituales[1] :

1. La oración:

> "Si permanecen en mí y mis palabras permanecen en ustedes, pidan lo que quieran, y se les concederá."
> San Juan 15:7

La oración es hablar con Dios, pero no es un monólogo en el que ponemos "play" y no respiramos hasta terminar con la palabra ¡Amén! Es mucho más que eso. Es una conversación donde hablamos y él habla a nuestro espíritu.

¿Tus oraciones son como una lista de supermercado?: *"Te pido..., necesito..., dame..., y por eso otro también..."* Dios quiere que le pidamos, pero también debemos agradecer por todo lo que es y por todas las maravillas que hace cada día con nosotras. Nos provee su amor, protección, guía, compañía y muchísimo más.

Cada vez que oramos hay un cambio. Es el camino que Dios usa para transformarnos. Cuanto más tiempo invertimos en ella, más veremos a Dios obrar en nosotras. Verás cómo iniciarás a ver las circunstancias desde el punto de vista de Dios, amarás así como él ama y te maravillarás al experimentar el pensar como él piensa.

---

1 Existen otras disciplinas espirituales: retiro, servicio, sumisión, sencillez que son disciplinas externas; y las disciplinas colectivas: confesión, adoración, búsqueda de consejo y el gozo. Puedes leer sobre ellas en el libro: "Alabanza a la disciplina", Richard Foster, Editorial Betania. 1986.

Caminando, cuando vas en el autobús, antes de ir a dormir, en la mañana, en cualquier situación y lugar puedes hacerlo. No es requisito estar en la iglesia u orar con los ojos cerrados y las manos juntas. Recuerda: es conversar con Dios.

No olvides la importancia de orar por otros. Pedir la bendición de Dios sobre sus vidas y que el Señor actúe y los visite de manera sobrenatural. La oración es poderosa, pues lo que pedimos lo hacemos en el nombre de Jesús, quien intercede ante Dios y nos contesta. Quizá sientas que Dios no te contesta o que no obtienes lo que pides. Confirma si estás en sintonía con Dios. Puede que estés pidiendo algo que no esta acorde a la voluntad de Dios, o tal vez necesitas aprender a esperar y ser paciente. Una vez escuche una frase que decía: *"la oración es el gimnasio del alma".* Te invito a que cada día "entrenes" con tus oraciones. Podrás obtener resultados maravillosos para tu vida y para quienes te rodean.

2. La meditación:

> *"Dichoso el hombre que no sigue el consejo de los malvados, ni se detiene en la senda de los pecadores ni cultiva la amistad de los blasfemos, sino que en la ley del Señor se deleita, y día y noche medita en ella."*
> Salmos 1: 1 y 2

La meditación es un buen camino para preparar tus tiempos de oración. Es un tiempo de reflexión, en el Señor y Dios a través de su creación, profundizando en la Palabra de Dios y atesorándola en tu corazón.

Utiliza música cristiana de adoración, busca un lugar frente a algún río o el mar, o simplemente tener un tiempo especial en tu cuarto de rodillas. Una buena herramienta es tener un diario espiritual, en el que escribas tus pensamientos y sueños para registrar todo lo que Dios te diga. En un mundo lleno de ruidos y perturbaciones, es importante poder tomar tiempos en silencio delante de la presencia de Dios y contemplarle. Permite que te hable, guíe y ame.

3. El ayuno:

> *"Cuando ustedes ayunaban... ¿realmente lo hacían por mi?"* Zacarías 7:5

El ayuno es la abstención de alimentos, de manera parcial o total, por un tiempo determinado con propósitos espirituales. El centro tiene que ser Dios **(Atención, no todas las personas están aptas físicamente para ayunar. Si tienes alguna pregunta al respecto, consulta a tu medico).**

Practicar el ayuno permitirá que salgan a luz las cosas que te dominan o esclavizan y allí mismo podrás recurrir al Señor pidiéndole al Espíritu Santo que siga moldeando tu vida acorde a la imagen de Cristo. Lo que sucede en nuestra área espiritual cuando ayunamos, tiene repercusiones importantísimas en nuestra vida cotidiana. Dios nos transforma.

4. El estudio de la Palabra de Dios:

> *"No se amolden al mundo actual, sino sean transformados mediante la renovación de su mente. Así podrán comprobar cuál es la voluntad de Dios, buena, agradable y perfecta."* Romanos 12:2

Estudiar la Palabra de Dios nos permite ejercitar el entendimiento a través de la repetición, concentración, comprensión y reflexión para ser liberados, a través de la verdad. *"... y conocerán la verdad, y la verdad los hará libres."* Juan 8:32

No confundas acumulación de información con conocimiento. Pídele a Dios sabiduría y él te la concederá (Santiago 1:5). La Palabra de Dios funciona como un espejo, en el que nos miramos y nos transforma. *"¿Cómo puede el joven llevar una vida íntegra? Viviendo conforme a tu palabra." Salmos 119:9*

Para complementar y enriquecer el estudio de la Palabra de Dios puedes usar libros, comentarios bíblicos, diccionarios, etc. Seguramente habrá días en los que no termines de comprender a totalidad algún pasaje, pero no te desesperes. Medita en él y verás cómo en algún momento lo entenderás. Este proceso de aprendizaje revolucionará tu vida.

Comienza a practicar cada una de estás disciplinas en tu diario vivir y verás cómo eres renovado y transformado desde tu ser interior. Los días se vuelven completamente refrescantes y tu alma se fortalece. Una vez inicies esta "rutina de ejercicios" te darás cuenta cómo tu espíritu anhelará más y más, y cada día podrás decir:

> **"Cual ciervo jadeante en busca del agua, así te busca, oh Dios, todo mi ser. Tengo sed de Dios, del Dios de la vida. ¿Cuándo podré presentarme ante Dios?" Salmos 42:1, 2**

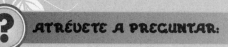

ATRÉVETE A PREGUNTAR:

¿Y si no me alcanza el tiempo? Es cuestión de priorizar. Si tratas las disciplinas espirituales como lo último a realizar en tu agenda diaria, nunca te "alcanzará el tiempo". Si las practicas como tu prioridad, serán una base sólida para que tu día sea más productivo.

BUSCANDO: Escuchar su voz.

Poniendo en práctica cada una de las disciplinas espirituales que Gimena te recomienda, aprenderás a identificar su voz y escucharla en medio de cualquier circunstancia.

BELLEZA: Eres lo que comes.

Gálatas 6:8 "Porque el que siembra para su carne, de la carne segará corrupción; mas el que siembra para el Espíritu, del Espíritu segará vida eterna."

La belleza de tu espíritu y de tu alma se nutre de la hermosura de Dios que se encuentra en su presencia y su palabra. Salmo 145:5.

Consejo de belleza. Considera que tu cuerpo necesita 8 vasos de agua pura, y si te encuentras estresada, debes aumentar a 16 vasos de agua al día. El 90% del volumen de nuestro cerebro está compuesto por agua. La depresión, la pérdida del líbido, el síntoma de fatiga crónica, el lupus, la esclerosis múltiple, la distrofia muscular, la migraña. Todas estas condiciones pueden ser causa de una deshidratación prolongada; si fuese esta la causa probable, se aliviará una vez que el cuerpo haya sido hidratado regularmente, ya que el agua es el principal vehículo para las transmisiones electroquímicas.

El beber un mínimo de 8 vasos de agua al día disminuye el riesgo de cáncer de colon, rebaja el riesgo de cáncer de mama y reduce la mitad de probabilidades de desarrollar cáncer de la vejiga.

¡Quiero tener novio!

Por Gloria Vázquez

3

¡Quiero tener novio!
Por Gloria Vázquez

Parece que fue ayer cuando estuve desesperada por tenerlo. Sentía que nadie me hacía caso. El tren se me estaba pasando y no encontraba un muchacho cristiano. Además siempre repetía las típicas quejas *"¿Por qué todas mis amigas tienen novio?"*; *"Todas se están casando y yo no"*; *"Tantos novios que tuve antes de ser cristiana y ahora ni las moscas se me paran."* Todo ello me entristecía. Toda mi vida giraba alrededor de eso.

Antes de ser cristiana salí con infinidad de muchachos. Al igual que yo, eran hombres sin Cristo que no me respetaban pero tampoco les daba ningún motivo para que lo hicieran. Me había acostumbrado a tener relaciones que tomaban, mas nunca daban. No me daba cuenta que, con quienes salía, no eran los indicados. Quería solamente vivir con alguien. Si la relación funcionaba, todo estaba bien pero si no... Dentro de mí sabía que no quería ningún compromiso. ¿Matrimonio? ¡Ni pensarlo! *"¡Un papel no significa nada!"*

Sin embargo, después de haber conocido al Señor pude ver que todo aquello no era como yo pensaba. Conocí a un Dios amoroso que había ideado el matrimonio y supe que había hombres que amaban a Dios tanto como yo lo estaba comenzando a amar. Siendo así... ¡Me quería casar ya! A pesar del anhelo, Dios conocía mi vida y mi corazón. Aún no estaba lista ni siquiera para tener novio. Así que me frustraba pensando que jamás llegaría mi Príncipe Azul. Mi cabeza volteaba para todos lados en la congregación. Conocía a alguien nuevo y mi mente automáticamente se hacía la pregunta *"¿Será este el que Dios tiene para mí?"* ¡Era un tormento!
En medio de aquel torbellino de ideas y deseos de tener novio,

conocí a una mujer que es una excelente predicadora y profeta. Era joven y aproximadamente de mi edad. Era simpática, atrayente, divertida… en fin, realmente "buena onda." Conocerla causó un impacto impresionante en mi vida. Conversando con ella sobre el noviazgo, me comentó las muchas oportunidades que había tenido para tener novio y casarse pero finalmente se daba cuenta que ninguno de ellos era lo que Dios quería para ella. De pronto salieron de su boca las siguientes palabras: *"Yo le he dicho a Dios que si quiere que me case, perfecto, yo me caso, pero si quiere que permanezca soltera yo seré muy feliz. Él es mi primer amor."* Yo pensé: *"En serio que es una mujer entregada, pero… ¡yo no voy a hacer esa oración! Sería muy hipócrita de mi parte, pues Dios sabe que quiero tener novio y casarme."* Aquellas palabras retumbaban en mi corazón cada vez que me entristecía porque no llegaba el hombre de mi vida.

Fui a estudiar a un instituto bíblico en Estados Unidos. Estaba segura que allí Dios tenía a alguien para mí. Así que aparte de ir a estudiar la Palabra de Dios, aprovecharía para ver si aparecía por algún rincón un americano guapo. ¡NADA! Pasó el primer año y no conocí a nadie siquiera para ir juntos a una clase. Fue así como decidí concentrarme en el Señor. Comencé a entregarle mi deseo y me dediqué a conocerle realmente y tomar ventaja de estar lejos de mi casa y patria para tener una relación más íntima con él.

Pronto fui olvidando mi obsesión. Me sentía con paz, contenta y hasta feliz. Aquellos pensamientos dejaron de presionar mis emociones y cuando llegaban otra vez eran como ráfagas que se iban desde el momento en que ponía al Señor, nuevamente, en primer lugar. Había encontrado a un verdadero hombre: al Señor. Me enamoré tanto de él que un día llorando postrada en el suelo del auditorio del instituto bíblico me escuché gritar a voz en cuello *"¡Señor, te amo tanto, que si no quieres que tenga novio y que me case, no me importa! ¡Soy feliz contigo solamente!"* Dios había transformado mi deseo. Había destruido al ídolo que había usurpado Su lugar. Ahora él estaba en el trono de mi corazón.

Estaba tan enamorada del Señor que lo único que llenaba mi corazón era el deseo de servirle. Regresé a mi país llena de él. Nunca había experimentado nada así. Estaba plena y satisfecha. Nadie me amaría como él ni jamás podría tomar su lugar. Su mirada, su caballerosidad y la manera en que luchaba por defenderme no se comparaban con nadie más.

Durante un retiro de jóvenes, me llamó la atención cierto hombre al cual nunca había visto. Ambos fuimos atraídos instantáneamente. A pesar de ello, no dejé de hacer absolutamente nada de lo que estaba haciendo así que seguí trabajando en las tareas que debía realizar. Mi prioridad era el Señor. Esto fue lo que llamó su atención; vio a una muchacha segura, así como verdaderamente entregada y apasionada por las cosas de Dios. Él ahora es mi esposo.

No me refiero a ser super religiosa, legalista y cerrada sino a ser una apasionada de Dios antes que todo. La primera decisión importante es aceptar al Señor en tu corazón y la segunda decisión más importante de tu vida es tener novio para después contraer matrimonio. Dios tiene TODO que ver con esta decisión pero no se trata de ver ángeles y señales alrededor de quien va a ser tu pareja. El fin es amar al Señor por sobre todas las cosas viviendo una vida consagrada a él. Una vida llena de propósito.

Además de amar al Señor por sobre todo también debes trabajar en ti misma. Primero debes saber quién eres tú. Esto te será muy útil para saber qué es lo que quieres en tu pareja y si no sabes lo que quieres, al menos identifica lo que NO quieres. Sé honesta. No te conformes con algo que no te gusta, pero lo aguantas porque QUIERES TENER NOVIO. Una muchacha me dijo una vez: *"Gloria, a mi no me gusta NADA este muchacho, pero seguramente es de Dios porque ora muy bonito."* ¡¿Qué?! Tienes que saber qué quieres y debes permanecer fiel a tus principios y valores. No los cambies por ningún hombre.

Si aceptas todo tipo de cosas, pensando que después de la boda todo cambiará… No será así. Lo que no te gusta de tu novio hoy, en el matrimonio se multiplica por diez y no podrás decir: *"me enojo y me voy a mi casa"*.

Prepárate. Si estudias una carrera, hazlo con excelencia, termina lo que haz comenzado y si estás trabajando, hazlo con entusiasmo. Prepárate para ser ama de casa aprendiendo a cocinar, limpiar, arreglar y adornar. Iniciar con tu cuarto es una buena sugerencia. Cuida tu cuerpo, come saludable y hazte de muchas amistades. El aislamiento no es bueno. Si tú no estás destinada a trabajar tiempo completo en la iglesia, procura servir en algún área. Tú y yo hemos escuchado sobre el "yugo desigual". Esto no sólo se refiere a personas que no comparten la misma fe, también sucede entre creyentes; comparten la misma fe pero no la misma intensidad y entrega respecto al servicio en la iglesia.

Si aún no tienes novio, espera. Dios conoce todo sobre ti. Sabe lo que necesitas no sólo lo que quieres. Si todavía no llega el hombre de tu vida, no te preocupes. Hay muchísimas cosas que puedes hacer. Atiende a los menos afortunados visitando un hospital, cárcel, orfanato, hospicio; trabaja arduamente en aquello que te apasiona en la vida y entrégate con el alma a hacer las cosas con alegría. Rodéate de amigas y amigos para salir a divertirte con ellos y que compartan la pasión por Jesús. Dedícate sinceramente a las cosas del Señor y verás como él se dedica a las tuyas. Entrégale tu deseo al Señor y verás cómo concederá el deseo de tu corazón, cambiará tu tristeza en gozo y tendrás la certeza de que él cumplirá su promesa en tiempo.

Lee la historia de Ruth. Después de la muerte de su esposo, decidió quedarse con su suegra. Ella escuchó el consejo de su suegra, quien la instruyó en los caminos de Dios. Si lees con atención, te darás cuenta que hay un hombre llamado Booz, quien mantuvo su atención sobre Ruth debido al trato que ella daba a su suegra. Sus buenas obras la expusieron como una mujer muy deseable. Ruth contrajo matrimonio con Booz y tuvo un hijo que se encuentra dentro del linaje de Jesús. ¡Ruth nunca se imaginó cuan útil y significativa sería su vida, pero Dios sí lo sabía!

No te conformes con menos de lo que Dios tiene para ti. Espera y entrégale a Dios tu deseo. Él sabrá recompensar tu paciencia pero durante el tiempo de espera permanece fiel y segura, aprendiendo, preparándote y creciendo porque a su tiempo Dios mismo propiciará el encuentro maravilloso que tanto has anhelado. Si proviene de él ¡vale la pena esperar!

? ATRÉVETE A PREGUNTAR:

¿A qué edad debo tener novio? El noviazgo es la antesala al matrimonio. La respuesta está determinada a cuán lista estás para afrontar los derechos y obligaciones que conlleva; la única que puede determinar la edad exacta eres tú, pues la madurez para llegar al matrimonio necesita de tiempo, desarrollo, sabiduría y, sobre todo, no tratar de adelantar las etapas naturales de tu desarrollo como persona.

BUSCANDO: ¡Novio!

Soltero feliz + Soltera feliz= Matrimonio feliz.

No te cases para ser feliz, tampoco para hacer feliz a alguien más. Cásate porque "ya" eres feliz. Analiza tu corazón, ¿por qué quieres tener novio? Si crees que será "tu salvavidas" o el antídoto para tu "soledad", tarde o temprano te sentirás agotada porque ninguno podrá llenar por completo la necesidad en tu corazón y se causarán muchas heridas. Deja que Dios llene todo vacío y sea todo para ti. Él te guiará y dará la sabiduría para esta decisión.

BELLEZA: "A Dios orando y con el mazo dando"

No quiere decir que llegues a darle martillazos al muchacho que te guste. Lo que quiere decir es que, además de confiar en Dios y descansar en él, cuides tu apariencia personal, tu salud, tus modales y sobre todo tu feminidad. Disfruta ser una hija de Dios integral cuidando tu alma, espíritu y cuerpo.

Consejo de belleza. ¿Sabías que la miel puede ayudar a acondicionar tu cabello? Mezcla media taza de miel y un cuarto de taza de aceite de oliva (utiliza dos cucharadas de aceite para cabello normal). Aplica en todo tu cabello. Luego cubre con una gorra de baño o bolsa plástica. Retírala en treinta minutos, lava y enjuaga tu cabello como de costumbre. Sentirás que tu cabello tiene una suavidad muy natural.

Amigas del alma

Por Gloriana de Montero

4t

35

Amigas del alma

Por Gloriana de Montero

"La cuerda de tres hilos no se rompe fácilmente"
Eclesiastés 4:12

A la edad de 23 años me mudé de Colombia, mi país natal, a Costa Rica. Acababa de terminar la universidad y el instituto bíblico cuando Dios me dio la oportunidad de trabajar con un ministerio cristiano de televisión en ese país. Salí con la bendición de mi familia y con la seguridad de que Dios estaba guiando mis pasos. Durante los primeros meses enfrenté muchos retos que conllevan este tipo de transiciones. Uno de los más difíciles fue lidiar con un sentimiento que no había conocido antes: la soledad. Dios me proveyó de una familia que me acogió supliendo muchas de mis necesidades. La señora de la casa era joven y pronto se convirtió en mi gran amiga; podíamos hablar por horas y nunca se nos acababan los temas. Sin embargo, por las responsabilidades que ella tenía con su carrera y sus hijos, no podíamos compartir todas las actividades que, como soltera, deseaba realizar. Sabía que necesitaba añadir más amigas. Aquellas con las que me pudiera identificar, hacer planes de jóvenes, divertirme y perseguir las mismas metas.

Buscarlas no fue tarea fácil. Asistía a una iglesia muy grande y, aunque conocía a mucha gente, no lograban llegar al nivel de relación que esperaba. Así que, decidí dejarle esa tarea al Señor. Oré persistentemente para que el Señor trajera esas amigas a mi vida. Sentía que ya había perdido mucho tiempo en el proceso y quería ser acertada. Al cabo de dos meses, me pidieron en mi iglesia que iniciara un discipulado para mujeres y, aunque el reto requirió esfuerzo y vencer ciertos temores, lo que yo no sabía era que de ese grupo saldrían las respuestas de oración. Dios me regaló 3 amigas hermosas. Mujeres inteligentes, exitosas en sus profesiones, con valores semejantes y otros que quería imitar.

Compartí con ellas por 3 años, hasta que me casé y me mudé a la Florida. Durante ese tiempo estrechamos tanto los lazos de amistad que pude entender, vivir y disfrutar la definición de la amistad que tanto había leído en los Proverbios (Prov. 17: 17; 18:24; 27: 9, 10; 27: 17). Casi cada mes íbamos de paseo a algún lugar y cada miércoles nos reuníamos para orar. Desarrollamos juntas un "diario de oración", que llenábamos cada semana que nos reuníamos. Escribíamos algún versículo que nos había gustado en la semana y nuestras peticiones de oración; cada semana revisábamos las peticiones contestadas y marcábamos con "checks" y dábamos gracias al Señor. Decidimos enfocarnos en encontrar la voluntad de Dios para nosotras en el tiempo de soltería y, definitivamente, que la encontramos. Descubrimos que Dios nos había hecho mujeres completas y plenas en nuestra individualidad y que es un engaño el pensar que estamos incompletos cuando estamos solteros; hay tanto por hacer en ese tiempo y es el momento de hacerlo al máximo. Cuando llegara el tiempo de tener esposo, íbamos a compartir con él lo que habíamos descubierto en nosotras mismas.

He notado que muchas jóvenes tienen como meta final en sus vidas conseguir esposo y de allí en adelante armar su futuro. Son expertas en la maestría MMC (Mientras Me Caso) y cuando llegan al matrimonio, sufren mucho porque tenían tantas expectativas en el hombre que, lógicamente al no ser satisfechas, terminan frustradas y con problemas en la relación. Necesitamos de amigas que nos animen a perseguir una meta más grande así como desarrollar los dones y talentos que Dios ha puesto en nuestra vida.

Fui la primera en contraer matrimonio. A los cinco meses regresé a Costa Rica para la boda de la segunda y al año siguiente se casó la tercera. Aunque hoy en día cada una vive en un país diferente, nos seguimos "encontrando" a través del Internet para apoyarnos en oración y seguir sustentando nuestra amistad. Disfrutar de amigas verdaderas es un regalo de Dios. Aunque la amistad se desarrolla muy bien entre géneros (hombres y mujeres) mi intención es animarte a que descubras el verdadero valor que hay en las amigas. Si desde joven las escoges bien, probablemente tendrás hermanas del alma para toda la vida.

La Biblia nos enseña que hay amigos más unidos que hermanos. Sin embargo, no todas las amigas deben estar en el mismo nivel de cercanía. Hay amistades que están contigo para celebrar las grandes alegrías y hacer una fiesta, así como para llorar nuestro dolor y ser de consolación; ser respuesta práctica de oración y ser usadas por Dios cuando se trata de formar nuestro carácter. Existen niveles de relación que es importante conocer y aprender a manejar dentro de los parámetros que cada uno de ellos establece. El mismo Jesús, maestro de maestros, nos enseña la forma en que él se relacionaba con sus amigos.

1. Conocidos.

Conformado por un gran número de personas con las cuales, por diferentes situaciones o circunstancias, mantenemos una relación. Sabemos sus nombres, posiblemente algo de su familia y de lo que hacen. Las encontramos en la iglesia, entre vecinos, etc.

Jesús, tenía dentro de este grupo alrededor de unas 500 personas; posiblemente eran quienes le seguían frecuentemente. El libro de los Hechos inicia mencionando que Jesús le pidió a un grupo aproximadamente de 120 personas que permanecieran juntos y así estuvieron cuando fueron bautizados con el Espíritu Santo (Hecho 1 y 2).

2. Compañeros.

Aquí las amistades se dan por circunstancias. Tenemos un entorno común, ya sea en el colegio, la universidad o el trabajo. Conocemos algo más de ellas. Nos une una misma meta u objetivo. Conversamos de nuestros retos dentro del entorno en el cual nos movemos y nos ayudamos mutuamente a cumplirlos. Dentro de la gran multitud que seguía a Jesús, encontramos en Lucas 10 del 1 al 20, la mención de un grupo de discípulos, aparte de los doce, conformado por 72 personas. Ellos fueron escogidos, entrenados y enviados de dos en dos por Jesús para cumplir la misión de ser mensajeros del evangelio a los pueblos a donde Jesús quería dirigirse. Tenían la autoridad, dada por él, de sanar a los enfermos y anunciar que el reino de los cielos ya estaba cerca. A estos, Jesús les manifiesta su visión y misión en la tierra y los involucra en ella. Estaban en un nivel más cercano y por lo tanto lo conocían más.

3. Cercanos.

Debido al tiempo compartido, las amigas descubren que tienen en común más que una circunstancia. Se identifican con sus valores, gustan de sus personalidades y pasan más tiempo juntas. Conocen los gustos, las frustraciones, lo que les apasiona, las familias, etc. La tentación en este nivel es "abrirse" demasiado y ser defraudadas o traicionadas por no conocerlas realmente.

Jesús tenía a doce amigos. Ellos le acompañaban casi a todas partes. Se cuidaban mutuamente, conocían sus personalidades, se tenían mutuo afecto, pasaron tormentas juntos pero siguieron allí a pesar de ellas. A estos, Jesús les explicó detalladamente lo que querían decir ciertas parábolas que los demás oían mas no entendían. Jesús les llamó amigos. Dentro de este grupo estaba Judas Iscariote, uno que aparentaba ser como ellos; pero era ambicioso y egoísta; además de ser quien después traicionó a Jesús, ya mostraba actitudes de deslealtad, como robar el dinero de las ofrendas (Lucas 6: 16 y 12:4).

El círculo de oro. Le he llamado *el Cordón de Tres Dobleces*. Han pasado muchas pruebas juntas y han demostrado lealtad unas a otras. Se cubren las espaldas, se defienden cuando hay injusticia; dan la cara por las amigas. Otorgan segundas oportunidades cuando nadie más lo hace y dicen las cosas que hay que corregir. Tienen información confidencial pero la guardan celosamente. Sin embargo, si no se llevan correctamente estas relaciones, se pueden volver "compinches", alcahuetes de malas acciones, antes que ser de beneficio.

Dentro del grupo de los doce, Jesús tenía a sus íntimos. Pedro, Juan y Jacobo. Sólo ellos estuvieron con Jesús en el monte de la transfiguración y se les permitió escuchar por primera vez los planes de la partida de Jesús que se llevaría a cabo en Jerusalén (Lc. 9:28-32). A estos mismos Jesús se los llevó aparte en el monte Getsemaní y les abrió su corazón manifestando la angustia que sentía antes de morir (Mt. 26:38). ¿Quién más sabía esto del Maestro? Nadie. Sólo ellos. En ellos él encontraba la confianza de compartir lo que a otros no podía decir y el apoyo que como humano necesitaba.

¡Qué lección de prudencia nos da el Maestro! Debemos ser cuidadosas con la información que damos de nuestras vidas. No todo el mundo tiene por qué saber todo sobre nosotras. Es errado pensar que la transparencia se trata de contarlo todo. La Biblia está llena de personajes que trajeron ruina y se desviaron de sus caminos precisamente por hacer alianzas equivocadas y mostrar más de lo que debían. Solo recuerda al rey Ezequías (2 Reyes 20: 12 a 19); un hombre exitoso en todo lo que hacía pero se enorgulleció de las bendiciones que Dios le había dado. No tuvo prudencia y al recibir a los mensajeros de parte del rey de Babilonia, se sintió tan "en confianza" que mostró todos sus tesoros a los mensajeros del rey. Al cabo de varios años la consecuencia llegó (2 Reyes 24: 12). Todos esos tesoros, que por tantos años habían acumulado los reyes de Judá, fueron llevados a Babilonia y a su gente en cautiverio. Cada una de nosotras nos hemos visto rodeadas de amistades que parecían ser de confianza pero al final resultaron ser un fiasco. Es tiempo de perdonar y seguir adelante. Pídele a Dios que te rodee de buenas amigas que te ayuden a cumplir el propósito de Dios en tu vida con las cuales disfrutes el gran tesoro de la amistad tal y como el mismo Jesús lo vio y nos ha enseñado.

ATRÉVETE A PREGUNTAR:

¿Por qué prefiero estar más con amigos hombres? Las mujeres fuimos heridas con desconfianza desde el Huerto del Edén. El mensaje del enemigo: "Dios te esconde algo" (Génesis 3:4, 5). Desde entonces hemos crecido relacionándonos con desconfianza. Imagínate: dos mujeres desconfiadas tratando de relacionarse ¡parece imposible! Por eso buscas amistades con hombres para no enfrentar la herida que hay en tu corazón. Analízate.

BUSCANDO: A mi amiga del alma.

Recuerda el consejo que nos da Gloriana acerca de la forma en que Jesús se relacionaba. En oración pídele al Señor la amiga que estás anhelando, y examina los niveles de relación que actualmente tienes.

BELLEZA: Reto auténtico.

La verdadera belleza de una amistad es la **AUTENTICIDAD.** Recuerda: una verdadera amistad te acepta tal y como eres, pero también te reta a mejorar en todo lo que haces.

Consejo de belleza. Para tonificar tu rostro. En una licuadora prepara puré de manzana con miel, la manzana debe estar sin cáscara. Desliza sobre tu rostro y retírala después de cinco minutos. Por último enjuaga con agua fría.

La chica salva-vidas

Por Ingrid Rosario

5

45

La chica salva-vidas
Por Ingrid Rosario

La mayoría de cristianos nos atemorizamos al compartir nuestra fe. El temor de no saber qué decir o no poder decir de memoria versos bíblicos nos paraliza y, por lo tanto, callamos deteniendo una parte sumamente importante de nuestra fe y relación con Cristo.

Jesús dijo en Hechos 1:8: *"Recibiréis poder cuando haya venido sobre vosotros el Espíritu Santo y me seréis testigo en Jerusalén, en toda Judea, Samaria y hasta lo último de la tierra"*. Somos llamados a testificar de su grandeza, generosidad, amor, compasión, misericordia… todo lo que él es. Para poder cumplir este llamado, la mejor herramienta que tenemos es nuestra (a veces desordenada) vida personal.

Sí. Dios quiere usarte.

Los hombres y mujeres que se encuentran en la Biblia, tuvieron que lidiar con su personalidad. Ese es el secreto de por qué y cómo Dios se glorificó en ellos de la misma forma que lo hace, en los tiempos actuales, con nosotros. Cuando tomamos conciencia de ello, no debemos atribuirnos para nosotros ninguna gloria.

La historia de Pablo es un ejemplo perfecto. Lo conocían como Saulo de Tarso. Era un gran erudito de la ley y digno de orgullo debido a su educación y crianza. Al pasar de los años, se dedicó a perseguir a los primeros cristianos judíos (Hechos 8:3) y fue cómplice del asesinato de Esteban, el primer mártir de la fe (Hechos 7:58).

Poco después de la muerte de Esteban, en Hechos 9 se narra el encuentro que Saulo tuvo con Jesús camino a Damascos y su conversión de fe. ¡Qué maravilla! ¡Dios escogió a Saulo para ser quien proclamara el evangelio de Jesús a los gentiles y al pueblo de Israel! (Hechos 9:15). Cómo entender que Dios tuviera un propósito con el terrible Pablo, quien odiaba y perseguía a los cristianos, lleno de ideas religiosas y cuyo objetivo era destruir la iglesia. Sin embargo, su vida nos demuestra que los planes de Dios son muy grandes comparados con los nuestros.

Después de su conversión, Pablo se hizo famoso por sus viajes incesantes a través de todo el Imperio Romano, predicando acerca de Jesús y fundando congregaciones. A través de las cartas que escribió a diversas iglesias, (más de 13) estableció los fundamentos de la fe cristiana y ahora son parte del Nuevo Testamento. El deseo ferviente de Pablo era compartir las buenas nuevas de Jesucristo, su testimonio personal y sus experiencias con Jesús. La transformación de Pablo, de un hombre obsesionado con perseguir a Cristo al principal fundador del evangelio, cambió no sólo a la iglesia sino al mundo.

¿Cuál es tu testimonio? ¿Qué ha hecho Dios por ti? ¿De qué te ha librado? ¿Dónde está tu camino a Damasco? Piénsalo por un momento.

Eso es lo que Dios quiere que tú compartas con los demás. Evangelio significa, "Buenas Nuevas". La buena noticia es que tú no eres la persona que eras antes de tu encuentro con Cristo. Él te salvó, redimió, perdonó y cambió para siempre. Todo esto lo hizo por medio de su poder y sacrificio de amor extraordinario que demostró en la cruz. Cuando tienes algo tan maravilloso para dar a los demás, ¿te gustaría compartirlo con todos?

Vivo agradecida con Dios por su amor y porque él comprende quién soy pero, más que nada, le agradezco su perdón. He buscado en la Biblia y no he podido encontrar un versículo donde Dios diga que somos nosotros los que debemos olvidar nuestro pasado. Es en ello que recordamos cómo Dios se glorifica y se sigue glorificando en nosotros. Debemos llevar este evangelio a todos. Tu testimonio no se trata de lo que tú le distes a Dios sino de lo que Dios te dio a ti; es poderoso porque estás compartiendo lo que Jesús ha hecho por ti. Hebreos 10:17 dice: *"Nunca más me acordaré de sus pecados y transgresiones."* Todos anhelamos el perdón del Señor para nuestros pecados y que borre para siempre la culpa de nuestro corazón. ¡Esto es precisamente lo que Dios nos ha prometido! El Salmo 103:8-13 RVR-1960 dice: *"Misericordioso y clemente es Jehová, lento para la ira y grande en misericordia. No contenderá para siempre ni para siempre guardará el enojo. No ha hecho con nosotros conforme a nuestras iniquidades ni nos ha pagado conforme a nuestros pecados, porque, como la altura de los cielos sobre la tierra, engrandeció su misericordia sobre los que le temen. Cuanto está lejos el oriente del occidente, hizo alejar de nosotros nuestras rebeliones. Como el padre se compadece de los hijos, se compadece Jehová de los que le temen."*

No temas ni permitas que la duda te robe el gozo de tu salvación. Si Dios, nuestro Creador y Padre, que todo lo sabe, tenía un propósito con la vida de Pablo, a pesar de quién era y lo que hizo, ¡cuánto más no querrá usarte a ti y a mí!

> *"Ustedes son mis testigos y mis siervos que yo escogí, para que conozcan y crean y entiendan que yo mismo soy."* Isaías 43:10

ATRÉVETE A PREGUNTAR:

Y... *¿lo tengo que hacer?* Sí. Después de encontrarte con Jesús es imposible que no cuentes lo que él hizo en tu vida. Eso es evangelizar. Verás que te dará gozo y se convertirá en parte de tu vida. Nos fue dada como una comisión al ser sus discípulos. Mateo 28:19.

 BUSCANDO: Cómo hablar de Jesús a mis amigas.

Sé creativa. Encuentra el momento y lugar apropiado, no seas religiosa y recuerda que no hay mejor forma de mostrar a Jesús que con tu propia vida. Es importante que sepas que no debes "convencerlas" pues el Espíritu Santo lo hará por ti.

 BELLEZA: Rescata la belleza.

Es importante que cuides tu aspecto tanto interno como externo. No pierdas de vista que Jesús nos invita a mantener nuestra apariencia radiante para testificar de él. Mateo 6: 16 a 18.

Haz tu sueño realidad

Por Karen Lacota

6

Haz tu sueño realidad
Por Karen Lacota

Determinación, valentía, perseverancia, osadía, fe, y acción fueron cualidades que destacaron a Gladys Aylward, hija de un cartero. A los 18 años asistió a una reunión en la cual el predicador invitó a los asistentes a dedicar sus vidas a Dios. Ella respondió al llamado, y un tiempo después, se convenció de que tenía que ir a la China y predicar el evangelio.

Cuando tenía 26 años intentó ingresar a la Misión a China pero no la aceptaron. A pesar de ello, no se rindió. Trabajó y ahorró para poder viajar por sus propios medios. Tiempo más tarde se comunicó con una anciana misionera en China, quien necesitaba de alguien joven para continuar su trabajo. Gladys debía costearse los gastos del viaje desde Inglaterra hasta China. Debido a que no tenía los fondos suficientes para pagar el precio de la travesía en barco, viajó en tren. Inició su viaje a los 28 años con su pasaporte, la Biblia, los boletos, y dos libras de alimentos.

La defensiva china se estaba viniendo abajo ante el feroz ataque de las fuerzas japonesas y el país estaba sumido en el caos. Sólo había una vía de escape para estos niños: una peregrinación de más de 160 km. A través de escabrosas montañas y valles peligrosos en busca de un lugar seguro. ¿Quién tomaría el desafío de llevar consigo a tantos niños? El sueño de ayudar en China le llevó a servir a Dios en medio de una sangrienta guerra; adoptó a 100 niños que habían quedado huérfanos a causa de aquella. Nadie en realidad lo esperaba; no sólo por el hecho de ser mujer soltera y extranjera pero también porque los japoneses habían puesto precio a su cabeza. Sin embargo, sabía que había llegado el momento de asumir los riesgos, y pagar el precio de sus sueños. Agrupó a los niños y se dirigió a las montañas ante la mirada sorprendida de los que quedaron. Les salvó la vida y dejó en ellos una marca imborrable.

La historia está escrita por hombres y mujeres como Gladys, quienes tuvieron sueños y lucharon con todas sus fuerzas hasta alcanzarlos. Cuando Dios te creó, independientemente de las circunstancias en la que fuiste concebida, te hizo completamente única y especial. Portas el potencial extraordinario para cumplir con su propósito y alcanzar, al igual que ellos, los sueños que él depositó en ti. Recuerda que Dios es el dador de los sueños. Nacieron primero en su corazón y, al crearte, los depositó en ti para que los realices por él. En tus genes está la capacidad para materializarlos. Tu destino ya ha sido trazado. En el Salmo 139:16 el rey David escribió: *"Tus ojos vieron mi cuerpo en gestación: todo estaba ya escrito en tu libro; todos mis días se estaban diseñando, aunque no existía uno solo de ellos"*. Es vital que te pongas en sintonía con Dios para poder alinear tu vida a lo que preparó para ti, para no errar en tu propósito.

Esta etapa de tu vida representa el tiempo de sembrar dentro ti todo lo que aportará a tu crecimiento integral y que tendrá repercusión en el futuro. Esto representa acción, movimiento; no puedes permanecer quieta. Debes buscar avanzar hacia tus sueños y metas. Las cosas no se dan solas. Eso lo sabes.

Compartiré algunos consejos que me ayudaron a comprender el propósito de Dios para mi vida, y actuar para alcanzar mis sueños.

1- Prepárate

"Muchos sueñan grandes sueños bajo la ducha, pero muy pocos salen de ahí y hacen algo al respecto" (Anónimo). Ello marca la diferencia entre aquellos que sólo sueñan, y quienes se preparan y trabajan arduamente, para avanzar tenazmente hacia sus sueños. En mi adolescencia escuché varias enseñanzas sobre la parábolas de los talentos (Mateo 25: 14-15). Una relata que Dios entregó a

algunos, cinco talentos, a otros dos y a otros uno. Me enseñaron que tenía que descubrir los talentos que Dios había depositado en mí. Incesantemente busqué el que Dios me había dado. En mi búsqueda intenté ingresar a un grupo de música de mi iglesia, tuve un paso fugaz por un grupo de coreografía. ¡Hasta ingresé en el elenco de teatro! No obtuve resultados alentadores. Con el correr del tiempo llegué a la conclusión que, evidentemente, yo estaba en la categoría de los de un talento y, además, todavía no había logrado descubrirlo. Hoy me causan mucha gracia las experiencias que viví; fue muy frustrante. Creía que las oportunidades de desarrollarme y servir al Señor se iban agotando.

Comencé a estudiar detenidamente esta parábola y descubrí que la misma está en un contexto administrativo y la palabra <u>talento</u>, no se refiere a habilidades humanas como saber cantar o ejecutar la guitarra (sin que eso signifique que no se le pueda dar la aplicación anterior).

Analizando el contexto, Jesús enseñó que aquel hombre repartió a cada uno *SEGÚN SU CAPACIDAD.* Dicho en otras palabras, este hombre entregó sus bienes y talentos de acuerdo a la preparación que tenían sus siervos.

Mientras más me preparo, más Dios podrá entregarme para administrar. Podemos tener sueños muy grandes, buenos, loables y aún conformes a la voluntad de Dios, pero si no estamos preparados para administrarlos correctamente, Dios no nos lo entregará, porque sabe que nos puede hacer daño, aunque sea algo bueno. ¡No te quedes soñando toda la vida! ¡Es hora de actuar para hacer esos sueños realidad!

Cuando te encuentras al inicio de tu preparación, tus sueños corren riesgos. En esta etapa los mismos se asemejan a un pequeño roble. Cuando el roble tiene apenas un año, hasta un niño puede arrancarlo desde la raíz, pero cuando ha pasado el tiempo y se establece con firmeza, ni la fuerza de un huracán puede con él. En está etapa, tus sueños pueden ser atacados por tus amigos, familiares o aquellos que están muy cerca de ti y que están al tanto de lo que pretendes alcanzar. Presta atención al elegir a quienes serán parte de tu círculo íntimo durante este tiempo.

> **"Serás la misma persona hoy que dentro de 5 años, excepto por dos cosas: La gente con la que te vas a relacionar y los libros que vas a leer."** **Charles Jones**

Rodéate de gente que te inspire y desafíe. Tus amigos amplían o ahogan tus sueños. Lee libros, aprende, inspírate y motívate a ir avanzando en pos de tus metas. No dejes que el desánimo, los contratiempos y las excusas te absorban. No permitas que la soledad, las críticas y la gente que no te entiende empañen tus sueños. No subestimes tu tiempo de preparación porque, aunque normalmente es un proceso silencioso, es donde Dios te está preparando para que eches raíces profundas y puedas soportar las tormentas que vendrán en tu caminar.

2- Hay un precio que pagar

Debes entender que cada decisión que tomas tiene una relación directa con el cumplimiento de tus sueños. Vivimos en un tiempo donde todo se consigue de manera casi instantánea, sin embargo, no todo ocurre de esa manera. Aquello que realmente tiene valor y trascendencia, requiere disposición para pagar el precio de alcanzar las metas y sueños. ¿Estás dispuesta?

Para lograr lo que anhelas, es vital que estés dispuesta a dejar aquello que no esté vinculado con tus objetivos. Nunca lo mucho costó poco. Si escoges pagar el precio, disfrutarás de las recompensas más adelante. Ese precio puede ser dedicación, tiempo, paciencia, entrega, perseverancia, disciplina, enfoque y determinación, no tirar la toalla cuando tienes la tentación de hacerlo; confiar en Dios cuando el panorama se ve nublado. Espera pacientemente el tiempo de la cosecha que vendrá como resultado de lo que has sembrado.

¿Cuáles son aquellas cosas que merecen lo mejor de tu tiempo? ¿A qué áreas de tu vida tienes que brindar mayor dedicación, disciplina y entrega?

Detente por un momento, y haz una lista de acuerdo a estas preguntas. Pídele a Dios en oración que te dé dirección y fortaleza para hacerlo.

3- Comprométete con tus decisiones

Fijarse metas no es tan complicado. Muchos lo hacen. Sin embargo, el mayor desafío es trabajar incansablemente hasta alcanzarlas. Para ello necesitas determinarte a seguir cueste lo que cueste.

En cierta ocasión el presidente norteamericano Teodoro Roosevelt dijo: *"Todavía no ha habido una persona en nuestra historia que haya llevado una vida cómoda y cuyo nombre sea digno de recordar"*. Si no estás dispuesta a dejar tu zona de comodidad, difícilmente podrás crecer y realizar algo que sea significativo para ti y para otros.

Tu determinación, perseverancia y constancia, son la clave para comenzar a darle forma a aquello que Dios diseñó para ti. ¿Qué harás hoy para enfocar tu vida hacia tus metas y sueños?

Seguro te equivocarás, algunas cosas no saldrán como esperabas y algunos que te criticarán (es el pasatiempo preferido de quienes no logran nada en la vida). ¿Qué harás al respecto? ¿Abandonarás todo a mitad de camino? ¿Postergarás tus anhelos hasta encontrar el escenario ideal para plasmarlos? ¿Dejarás escarpar las oportunidades a causa del temor al qué dirán o a las críticas, postergando tus planes y aumentando así la distancia entre tú y tus ideales?

¡No lo permitas! No esperes que todo juegue a tu favor. Asegúrate de mantenerte en acción. Lucha, persevera, no desistas. Las adversidades sólo prueban la legitimidad de tus sueños. Gladys entendió todo esto a la perfección.

Dios nunca hará realidad los sueños de aquellos que no estén dispuestos a trabajar para verlos realizados.

ATRÉVETE A PREGUNTAR:

¿Debo hacer todos mis sueños realidad? Debes hacer la diferencia entre un sueño de Dios y una fantasía. Un sueño de Dios será para darle la gloria a él, beneficiará a otros y causará satisfacción en tu corazón. Una fantasía, no tendrá fundamento y te causará frustración. Los sueños de Dios nunca estarán lejos de lo que te apasiona, las habilidades, dones espirituales y la experiencia que has tenido a través de tu vida. Él no desperdicia dolor.

BUSCANDO: Alcanzar mi sueño.

Asegúrate que es un sueño de Dios a través de la Biblia, mentores con quienes te identifiques en tus sueños y, sobre todo, continúa confiando en él. Ten por seguro que mientras tú perseveras en los posible, el moverá las piezas necesarias para hacer todo aquello que creas imposible.

BELLEZA: El buen tesoro.

Tus sueños son parte del tesoro de tu corazón. Abre el cofre para compartir las riquezas que hay en él, y no olvides: sé sabía al compartirlos. Mateo 12:35

Consejo de belleza: Para combatir las manchas en tu rostro, puedes aplicarte agua oxigenada con un algodoncito cada noche, y enfatizar con unos golpecitos suaves sobre la mancha que deseas eliminar.

¿Cuán lejos es demasiado lejos?

Por Kristy Motta

¿Cuán lejos es demasiado lejos?
Por Kristy Motta

Esta pregunta es muy común cuando se habla de las caricias dentro del noviazgo o se trata acerca del sexo. Es inevitable que surja, pues es natural que quieras conocer y experimentar, pero debes estar alerta; si no sabes tratar con este tema siempre querrás ir "más lejos" hasta llegar "demasiado lejos" y podría ser lamentable. Si ya has llegado allí y no sabes cómo retornar, te invito a seguir leyendo para encontrar herramientas que te ayudarán a cambiar tu mentalidad y traerán esperanza en medio de la situación que estés enfrentando. Si te estás haciendo esta pregunta es porque quieres hacer las cosas de la mejor manera para agradar a Dios. Te aseguro que no sólo lo agradarás a él sino a ti misma.

Quiero darte algunas claves que te ayudarán a no llegar "demasiado lejos":

CLAVE 1 ¡Cuídate de la contaminación!

Es muy importante que logres detectar las mentiras que contaminan nuestra forma de pensar con respecto al sexo. Los medios de comunicación, de forma muy sutil, nos llenan de mensajes como: "¡El sexo no es gran cosa!, el sexo es solamente físico, ¡Todo el mundo lo hace!, a Dios no le interesa el sexo, es imposible mantenerse puro, si hay amor hazlo".

Estos y muchos otros mensajes, son mentiras que el enemigo quiere que tú y yo creamos como verdades; cuando llegamos a creer una mentira ella empieza a controlar nuestra vida como si fuera una verdad.

LA VERDAD: Es más que físico. El sexo sí involucra tu vida emocional y espiritual. Aunque "todo el mundo lo hace", quienes lo practican con ese pensamiento, nunca te dirán cuántos recuerdos y heridas ha dejado en sus corazones.

Dios no dice NO a las relaciones sexuales; te dice cómo y cuándo deben ser. Si no le interesara tu satisfacción y deleite en el sexo dentro del matrimonio… sería más sencillo que las mujeres quedáramos embarazadas con un golpe en la cabeza ¡¿te imaginas?! Él decidió que fuera a través de las relaciones sexuales para que fuera una experiencia alegre y satisfactoria. Sin embargo, cuando lo haces fuera del matrimonio, el propósito de ello se convierte en lágrimas y remordimientos. La razón es simple: **no está diseñado para hacerlo a nuestra manera. El compromiso es el ingrediente que activa la satisfacción plena del sexo.** El creador lo destinó para que satisfaga plenamente dentro del matrimonio. De lo contrario siempre traerá dolor y vergüenza.

Si decides alejarte y desechar las mentiras que los medios de comunicación te transmiten, podrás apreciar cuál es la verdadera esencia del sexo a la luz de la palabra de Dios.

> *Génesis 2: 24-25. Por tanto, dejará el hombre a su padre y a su madre, y se unirá a su mujer, y serán una sola carne. Y estaban ambos desnudos, Adán y su mujer, **y no se avergonzaban.***

> *"Tengan todos en alta estima el matrimonio y la fidelidad conyugal, porque Dios juzgará a los adúlteros y a todos los que cometen inmoralidades sexuales". Hebreos 13:4*

¡Practica el verdadero sexo seguro!

El verdadero sexo seguro se llama PUREZA. Ser puro significa estar limpio. Para ello necesitas renovar tu mente constantemente y reconocer cuando la contaminación está cerca. En la impureza siempre habrá riesgo, en la pureza siempre habrá seguridad.

Si además de alejarte de los contaminantes que te mencioné anteriormente, entiendes que el sexo está del lado del compromiso, es decir matrimonio, ya diste el primer paso para que sea un sexo seguro y puro. Si se encuentra del lado "de los sentimientos", será impuro aunque sea el sentimiento más hermoso que puedas describir.

LA VERDAD: La pureza pavimenta el camino hacia la felicidad. La impureza sexual afecta cada área de la vida, pues roba el gozo y la alegría. Yo no he conocido a nadie que luego de hacer algo impuro (como ver pornografía, masturbarse o pasarse en caricias con su novio) salga con una sonrisa de oreja a oreja gritando a los cuatro vientos lo que acaba de hacer. Al contrario, lo que procura es que nadie lo sepa. ¿Por qué? El pecado trae vergüenza y la vergüenza roba las fuerzas.

> 1 Corintios 6:18 No tengan relaciones sexuales prohibidas. Ese pecado le hace más daño al cuerpo que cualquier otro pecado.

> Proverbios 5:22 El pecado y las malas acciones son trampas para el malvado, y lo hacen su prisionero.

CLAVE 3 **¡Usa protección!**

La mejor protección que puedes utilizar en una relación sentimental es: establecer **márgenes saludables**. Prefiero hablar de márgenes y no de límites. El límite está al filo del precipicio; un margen está más lejos del límite, protegiéndote aun más.

Entre mayor sea tu margen, más seguro estarás. Tus márgenes determinarán cuán lejos llegarás y la intensidad de tu tentación.

- **Cuánto más lejos vaya, más rápido avanzaré:** Si tus márgenes son muy pequeños, más rápido avanzarás a hacia la relación sexual, lo cual te pone en gran riesgo. Así no lograrás llegar virgen a al matrimonio. Si tú y tu pareja pretenden ser tres años o más novios y quieren guardarse puros para el matrimonio, tus márgenes deberían ser muy pero muy grandes para lograr guardar su cuerpo para el matrimonio.

- **Cuanto más lejos vaya, más lejos querré ir:** Entre más avances, todo tu cuerpo te pedirá a gritos que vayas más lejos. Como el sexo fue diseñado por Dios para el matrimonio, no esta hecho para excitarse un poco y detenerse; esta diseñado para una satisfacción plena. Por ello debes mantenerte lejos de comenzar el proceso de excitación pues una vez lo inicias estas arriesgándote mucho. Nadie más que tú puede determinar de cuantos segundos debe ser un beso, cuanto tiempo debe él tomar tu mano o hasta donde puede bajarla. Hombres y mujeres reaccionamos diferente y tú puedes encender o apagar la maquinaria sexual, no sólo tuya, sino también la de él. Cuida la forma en que vistes, las caricias, los besos, las conversaciones, los lugares apartados y, sobre todo, tu mente.

- **Cuanto más lejos vaya, más difícil será regresar:** La intensidad de tu tentación está determinada por la distancia que estableces entre tu margen y el límite. Si tu margen está más lejos del límite, la tentación disminuirá. Si tu margen esta más cerca del límite, la tentación aumentará. Cuanto más cerca estés del límite, las consecuencias de la tentación aumentarán y te costará muchísimo regresar.

> *Efesios. 5:15 Tengan cuidado de cómo se comportan. Vivan como gente **que piensa** lo que hace, y no como tontos.*

> *Proverbios 28:26 Necio es el que confía en sí mismo; el que actúa con sabiduría **se pone a salvo**.*

CLAVE 4 "Cuida tu órgano sexual mas importante."

Tu cerebro. Es el órgano más importante ya que maneja todo nuestro cuerpo. La impureza a la cual nos enfrentamos todos los días a través de los medios de comunicación y la cultura en que vivimos, lo ataca directa y constantemente. La única forma en la que podemos enfrentar los ataques es comprendiendo que:

- **Somos vulnerables al pecado sexual:** Cuanto más pienses que nunca te pasará, en mayor riesgo te pondrás.

> *1 Corintios 10:12 Por eso, que nadie se sienta seguro de que no va a pecar, pues puede ser el primero en pecar.*

- **No hay ningún momento que sea privado:** La treta del enemigo es mantenerte atada a pecados sexuales que destruyen tu vida. Te hace pensar: "todo aquello que haces en secreto, debe mantenerse así porque es vergonzoso". Si esto te está ocurriendo ya estás en las garras del enemigo. ¡Sal de esa mentira! Busca ayuda inmediatamente. Mientras más tiempo quieras esconder lo que es necesario confesar más profundo caerás. Si tienes alguna atadura sexual, pide ayuda a mujeres de Dios preparadas en el tema. Te sugiero un ministerio que puede ayudarte en este proceso: www.libresencristo.org

> *Lucas 12:2,3 Porque todo lo que esté escondido se descubrirá, y todo lo que se mantenga en secreto llegará a conocerse. Lo que ustedes digan en la oscuridad, se sabrá a plena luz del día; lo que digan en secreto, lo llegará a saber todo el mundo.*

• Dale al sexo el lugar que se merece: ¡No vas a morirte por no tener relaciones sexuales! ¡La virginidad no mata a nadie! Si mantienes tu cerebro lleno de pensamientos con respecto al sexo, no te quedará espacio para pensar en lo que sí te corresponde pensar en esta etapa de tu vida.

Cuida lo que entra a tu cerebro. Ten cuidado de las imágenes que ves, la música que escuchas, las revistas que lees, las pláticas que entablas con tu pareja y amigos, las páginas en la Internet que visitas, así como la ropa que usas.

> *1Corintios 10:23 Algunos de ustedes dicen: «Soy libre de hacer lo que quiera». ¡Claro que sí! Pero no todo lo que uno quiere conviene, ni todo fortalece la vida cristiana.*

Estas claves son una herramienta de ayuda para que puedas determinar cuán lejos es demasiado lejos. Ya sea que te encuentres en buen camino, estés lejos, o demasiado lejos, puedes cambiar tu situación y regresar a la voluntad de Dios comprendiendo que:

Necesitamos vivir cada día en la victoria que Dios promete.

No subestimes a Dios. Él es más poderoso que cualquier tentación sexual. Tú puedes mantener limpia tu mente:

- Buscando la intimidad con Dios. Regresa a él, arrepiéntete, pide perdón y recibe su gracia y misericordia a través de Jesucristo.
- Memorizando versículos bíblicos que te ayuden a mantenerte en pureza.
- Buscando una compañera de batalla sabia, madura y preparada en el tema a quien puedas rendirle cuentas de tu relación de noviazgo y pueda orar contigo y por ti.

> 1 Juan 5:4 En realidad, todo el que es hijo de Dios **_vence lo malo de este mundo, y todo el que confía en Jesucristo obtiene la victoria_**

ATRÉVETE A PREGUNTAR:

¿Es pecado masturbarse? Piensa. ¿Qué implica masturbarse? Autosatisfacción, imágenes y fantasías impuras.

El sexo fue creado por Dios para la recreación y satisfacción plena de una pareja de esposos, nunca será plenamente satisfactorio si sólo uno practica algo creado para dos. La masturbación genera un círculo vicioso: mientras más se ejercita más deseos tienes. Es así como Satanás te esclaviza. Mientras más te entregues a la auto satisfacción, más control tendrá el pecado en tu carne.

> *1 Corintios 6:18 "Huyan de la inmoralidad sexual. Todos los demás pecados que una persona comete quedan fuera de su cuerpo; pero el que comete inmoralidades sexuales peca contra su propio cuerpo."*

BUSCANDO: ¡No caer en tentación!

Mantén vivo el principio de la sabiduría: el temor a Dios; cuando estés en tentación podrá librarte de pecar. Ora a Dios que no se junten "las ganas de pecar" con la "oportunidad de hacerlo" y si llegara a pasar, recuerda que Dios no puede ser burlado. A veces, lamentablemente, el amor a Dios no es suficiente para no fallar pero el temor a él te hace recapacitar.

BELLEZA: Bella vs. Sexy

¿Qué imaginas al pensar en alguien sexy? Inmediatamente tendrás una imagen de alguien con poca ropa y con una expresión de deseo sexual. Ser bella es ser inspiradora y atraer de forma correcta. Ser sexy es ser provocativa y atraer de forma incorrecta. ¿Crees que Dios quiere que seas sexy?

1 Pedro 3:3 (BLS) 3-4 No piensen ustedes que los peinados exagerados, las joyas de oro y los vestidos lujosos las hacen más bellas. Su belleza no depende de las apariencias, sino de lo que hay en su corazón. Así que sean ustedes personas tranquilas y amables. Esta belleza nunca desaparece, y es muy valiosa delante de Dios.

Consejo de belleza. Para evitar manchas en las uñas debes utilizar una base y luego colocar el esmalte de color. Esto protegerá tus uñas y evitará que se vean manchadas y pierdan su aspecto natural. Deja que tus uñas descansen por uno o dos días antes de aplicar nuevamente el esmalte que tanto te gusta.

Sal de la cueva

Por Miriam Bloise

8

Sal de la cueva
Por Miriam Bloise

¿Has despertado por la mañana sintiendo que ya no tienes fuerzas para enfrentar el día? Quizá la imagen que te devuelve el espejo no es la que te gustaría ver. La libreta de notas no refleja el esfuerzo del estudio mientras tus padres no te comprenden; alguien te dañó con frases como: *"no te amo más"*, *"tu enfermedad no tiene cura"*, *"no sabes hacer nada bien"* o *"eres lo peor"*. Podría ocupar párrafos enteros describiendo situaciones de fracaso y en alguna de ellas describiría lo que a ti te ha sucedido.

Tengo buenas noticias. Estoy convencida de que Dios puede transformar la crisis en oportunidad y el dolor en gozo. Si estás pasando un momento de crisis, quiero decirte que lo mejor esta por llegar. ¡Dios está pensando en tu presente y soñando con tu futuro en este mismo momento! Toma tu Biblia y acompáñame a 1 Reyes 19.

El profeta Elías se sintió tan desalentado que deseó la muerte. Días atrás había vencido a los profetas de Baal y había predicho una lluvia en forma milagrosa. Después se encontró atravesando un período de depresión y desesperanza. Elías no tenía fuerzas físicas ni espirituales y es allí donde emprende el camino de su restauración. Luego de caminar cuarenta días y cuarenta noches, se esconde en una cueva. Dios desea transmitirle un mensaje a Elías. Estando en la cueva, el profeta siente la presencia de un viento estridente, pero su sensibilidad le decía que Dios no estaba allí. Algunas veces los problemas se presentan como grandes tormentas de invierno. No las esperamos; sencillamente suceden. Él no se encuentra en la corriente estrepitosa de las palabras acusadoras de tus propios pensamientos que te dicen que no podrás tener éxito, que ya es tarde o que nadie te dará una otra oportunidad de amar

y ser amada. Tampoco se manifiesta en aquellas palabras hirientes que fueron dichas por otros, mortificando tu alma una y otra vez dejándote sin aliento.

El relato de Elías continúa al suceder un terremoto después del viento. Dios tampoco estaba allí. Las dificultades pueden presentarse como un gran temblor, desestabilizando nuestro mundo. Todo se transforma en un mar de confusión y se esfuman nuestras ilusiones así como en el otoño los árboles pierden sus hojas.

Aún estando Elías en la cueva, llegó una gran columna de fuego. Dios no se encontraba en ella. De pronto Elías percibe un silbo apacible. Entonces escucha el suave murmullo de la presencia de Dios… Decide salir de la cueva. Pasó de estar aterrorizado a enfrentarse cara a cara con la presencia de Dios. ¡Un nuevo tiempo iniciaba, comprobando el cuidado sobrenatural de Dios! En su misericordia, le da a Elías una oportunidad y lo rescata de su frustración. En ese mismo instante un ángel enviado por Dios lo alimenta y le dice: *"Levántate porque un largo camino te resta"*.

Así también viene una temporada diferente llena de nuevos colores, aromas y oportunidades. Si estás pasando por un frío invierno, espera confiada la nueva estación que llegará. Prepara tú corazón para recibirla en tu mejor estado espiritual, emocional y físico. Aparta tiempo para hacer tus devocionales, lee y estudia tu Biblia, levántate cuando cometas un error y sigue adelante con diligencia. Haz esa llamada o envía ese mail que hace tiempo deberías haber enviado, pide perdón, perdona, comienza la dieta, busca trabajo, ponte a estudiar…

La desesperanza suele dejarnos en quietud y quedamos contemplando los problemas sin poder reaccionar y muchas veces teniendo autocompasión. Si te quedas parada, no podrás comprobar la restauración de Dios que suele venir acompañada de una suave brisa con perfume a primavera.

No conozco tu corazón y tu realidad, pero Dios sí. Si el otoño ha quitado tus últimas ilusiones vuelve a soñar. Toma lápiz y

papel, comienza a escribir tus metas, anhelos, deseos. En oración pídele Dios, quien puede hacer lo imposible, te dé sabiduría para emprender el camino correcto dentro de su perfecta voluntad para el cumplimiento de todo aquello que tu corazón aspira.

Si el sofocante calor del verano te ha dejado sin fuerzas, él puede transformar tus lágrimas en manantiales de agua fresca. Toma un tiempo diario a solas con Dios, donde podrás beber del agua de vida eterna para transitar el camino hacia la siguiente estación. Él anhela estar contigo. Llora, canta, ríe, baila, cuéntale todo lo que hay dentro de ti. Él te ha estado esperando.

En la brisa apacible de su presencia, todo adquiere otro sentido.
Donde hay desolación y desierto, él encuentra el silencio apropiado para hablar a tu oído.
En un corazón herido, él ve una mujer con capacidad de amar.
En una relación rota, él te atrae para que encuentres el verdadero amor de tu vida.
Él ve una joven llena de vigor que no se da por vencida en una tarjeta de notas con letras rojas.
La perfecta creación de sus manos, es lo ve en el reflejo de tu espejo.
A una niña abandonada, le muestra que estaba allí aunque no lo podía ver...

Mi mejor elección fue salir de la cueva de mis temores y acercar mi oído a su dulce y suave voz. En el Salmo 104: 3-4 dice que Dios mismo anda en las alas de los vientos y los hace sus mensajeros. Sé que el silbo apacible de Dios, hoy, te trae un mensaje. Es tiempo de volver a reír, renovar tus fuerzas y disfrutar la belleza de tu juventud.

Sal de la cueva donde tu alma se ha secado por el intenso calor del verano, se ha congelado por el frío invierno y se ha sacudido con los fuertes vientos del otoño. No dudes en acercarte a ese oasis donde todo fracaso se convierte en una de las estaciones más hermosas del año. La primavera llega acompañada de una suave brisa, nuevos colores, fragancias y días soleados que no agotan. Presta mucha atención, pon en marcha tus sentidos… ¿la percibes?

ATRÉVETE A PREGUNTAR:

¿Estoy en depre? Si durante mucho tiempo has perdido el interés de lo que antes solías disfrutar; te cuesta dormir por las noches; sientes tristeza durante todo el día; lloras; te sientes fatigada; te cuesta concentrarte; has perdido o aumentado de peso... busca ayuda de una consejera que te guie en oración y te ayude a identificar lo que está afectando tu corazón.

BUSCANDO: Estabilidad emocional.

Analiza las cinco áreas de las cuales depende nuestra vida:

1. **Espiritual**
2. **Emocional**
3. **Física**
4. **Relacional**
5. **Intelectual**

En tu vida diaria, ¿Qué llena o vacía cada una de estas áreas? Ten presente cada una de estas necesidades para mantener el equilibrio.

BELLEZA: Secreto.

El mejor secreto de belleza: Proverbios 15:13 *"El corazón alegre hermosea el rostro; mas por el dolor del corazón el espíritu se abate."*
Puedes encontrarlo todos los días, recordando el gozo de tu salvación. Salmo 51:12

Consejo de belleza. Para quemaduras en la piel puedes colocar la parte afectada en agua fría y evitar que el calor siga quemando las capas de la piel. Luego coloca clara de huevo en el área. La clara de huevo contiene colágeno y vitaminas que evitan el dolor intenso o que tu piel quede con alguna cicatriz.

Escribe tu historia

Por Raquel López

Escribe tu historia
Por Raquel López

Hace algún tiempo platicaba con mi abuela paterna (abuela Tita), con quien he tenido el privilegio de estar muy cerca y escuchar muchísimas anécdotas de su infancia, adolescencia y relación matrimonial. Ella disfruta relatar momentos gratos y no tan gratos de su juventud.

Conversamos acerca de una de las historias más traumáticas de su infancia. Cuando estaba por ingresar al octavo grado, su papá decidió que ella ya no continuaría con sus estudios para dedicarse al cuidado de sus nueve hermanos mientras ellos estudiaban.
Con mucho respeto le pregunté: "Abuela, si te hubiesen dado la oportunidad, ¿qué hubieses querido estudiar en la universidad?" Pensó por un momento y con voz entrecortada contestó: "La frustración fue tanta que nunca tuve espacio para pensar en eso… realmente no sé".

Mi caso no fue como el de la abuela Tita. Al terminar el bachillerato, ingresé a la universidad. Al principio, no sabía ni lo que hacía, pero lo inicié. Ese primer trimestre, siempre que entraba al salón, me sentía como si no fuera nadie; todos se presentaban con sus títulos y profesiones y yo apenas tenía un trabajo. La inseguridad era desde que me montaba al auto y llegaba al salón. Cuando llegaron las calificaciones, descubrí que había perdido el curso. Imaginen la frustración y los pensamientos que me venían a la cabeza. No quería decirle a nadie porque tenía vergüenza.

Luego de entrar a un estado casi depresivo, mi esposo me sugirió que hablara con la profesora. Sin tener la suficiente valentía, me atreví y tuve una cita con ella. Cuando llegué a su oficina (las manos me temblaban) le dije: "Profesora, lo siento. Siento mucha vergüenza en venir hasta aquí." Ella me dijo: "Durante toda la clase te observé y fuiste una excelente estudiante. Siempre tuviste un promedio sobresaliente, pero el último proyecto no entendí qué hiciste". Me armé de fuerzas, la miré y me agarré las manos para disimular: "Profesora, me desenfoqué. Siempre iba al salón con miedo y fracasé…" Ella me contestó: "El que hayas venido a mi oficina me demuestra que eres una mujer fuerte. Te felicito por haber regresado a retomar la situación. Te exhorto a que vuelvas a comenzar". En mi oído retumban todavía sus últimas palabras. Gracias a ellas hoy puedo decir que llegué a retomar los estudios hasta terminarlos.

Tuve que repetir la misma pesadilla de clase. Iba con el mismo miedo de antes, pero mucho más enfocada. Esto no se trata de una fórmula mágica que desaparecerá el temor, sino de nuestra madurez en el camino para sobrellevar las situaciones cotidianas que nos retan y confrontan.

El Diccionario de la Real Academia de la Lengua define el miedo como: *"Perturbación angustiosa del ánimo por un riesgo o daño real o imaginario."* El miedo es aquello que desarrollamos en nuestra mente que presume alguna situación que no quisiéramos experimentar. Puede ser producto de una experiencia traumática o alguna circunstancia imaginaria creada por nuestra inseguridad. Es necesario que las identifiquemos.

Abuela Tita cerró la puerta de las posibilidades porque la **frustración** la ahogó en medio de tantas circunstancias, la **desilusión** la excluyó de sentirse útil en la sociedad y el **miedo** la paralizó a tal nivel que ni siquiera pensó en sí misma. A pesar de estar en circunstancias completamente distintas a las de ella, a mí me sucedió lo mismo.

Hubo una mujer en la Biblia que marcó la historia de una manera singular. Marcos relata su historia en el capítulo 14. La escena es compleja. Ella interrumpe a Jesús en medio de una comida rodeada de hombres. Entra a un lugar dominado por personas que cuestionan su valor como mujer en un lugar tan "exclusivo". ¡Qué atrevida!

No era muy bien recordada por aquellos que rodeaban a Jesús. Sin embargo, por encima del miedo, las frustraciones y desilusiones de la vida, esta mujer buscó a Jesús. El miedo que durante ese encuentro sentía, se reflejó en las lágrimas que derramó. Imagina la presión social que sentiría en un lugar al que no había sido invitada y mucho menos aceptada. No obstante, entre ese sollozo, sacó un frasco con un perfume de nardo puro (esta fragancia representaba el valor de un año de salario, lo que para nosotras sería el equivalente al ahorro de muchos años). Ella lo tomó para ungir a Jesús. Era parte de las costumbres ungir al visitante, ¡pero no con un perfume tan costoso!

Con el frasco ya vacío y el olor impregnado en las ropas de todos los espectadores, en medio del silencio, por el asombro que esta mujer provocó, Jesús comenta: "Les aseguro que en cualquier parte del mundo donde se predique el evangelio, se contará también, en memoria de esta mujer, lo que ella hizo". (Marcos 14:9)

Cada una tenemos un espacio en el reino de Dios así como en la sociedad. Es por eso que tenemos que seguir trabajando y no quedarnos en la espera de que el miedo desaparezca de nuestras vidas; ten por seguro que la fuerza sobrenatural de Dios aparecerá en el momento oportuno. Nuestras familias, iglesias, escuelas, trabajos, países y el mundo necesitan que nos levantemos.

Lo que quieras ser hazlo consciente del precio que vas a pagar. La vida no es una telenovela; esa es la superficialidad que nos aleja de la realidad. La vida es lo que día tras día vas construyendo y enfrentando. Como chicas, tenemos la capacidad y el potencial de dejar una huella de nuestro valor en la gente. Debemos ser valientes y prepararnos para dejar una fragancia en cada lugar que vayamos.

Pienso que abuela Tita pudo haber sido una contable o una dueña de restaurante con sus recetas culinarias puertorriqueñas. Sin embargo, siempre la recordamos como un pilar que ha ejemplificado

la sencillez y la humildad. Ella se entregó tanto a sus padres, hermanos, hijos, nietos y biznietos que en nuestra mente es como una fragancia aun más deliciosa que los platos que cocina.

La historia relata nuestros logros, metas o fracasos. Toma unos minutos para pensar cómo quisieras ser recordada. ¿Qué temores necesitas enfrentar? Atrévete a prepararte y construir una grata y perdurable historia para las generaciones presentes y aquellas que aún están por nacer.

ATRÉVETE A PREGUNTAR:

Ser una mujer preparada ¿los intimida? Depende de tu actitud respecto a la preparación. Tu carta de presentación no es tu título ni tu posición sino tu identidad en Dios.

BUSCANDO: Crecimiento intelectual.

¡No hay excusa para no prepararte! Lee libros que llamen tu atención, utiliza el internet a tu favor. Busca personas que te inspiren a desarrollar tu potencial. Mantén una mentalidad de aprendiz y no de crítico.

BELLEZA: Buenos modales.

Los buenos modales son un distintivo de tu personalidad, revelas una buena educación y te ayudan a mostrarte elegante, natural, y sencilla. Debes tener en mente que mostrando buenos modales con los demás conseguirás ayuda a mantener buenas relaciones.

Si estás preparada en tus modales, te manejarás con mayor seguridad en cualquier entorno.

Consejo de belleza. Manos femeninas. Es importante mantener tus uñas limpias y presentables. Lava tus manos con agua tibia, usando un jabón a base de hierbas y deja que sequen por sí mismas. Puedes también hacer una mezcla de una cucharada de miel con una de aceite vegetal y un cuarto de cucharada de jugo de limón. Frota en manos, codos, talones y donde sientas resequedad. Deja durante 10 minutos y enjuaga con agua. Y recuerda que cuando las uñas se encuentran blandas son más fáciles de cortar y limar.

Identidad robada

Por Rocío Corson

10

Identidad robada

Por Rocío Corson

"¡Es una niña!". Cuando nos dieron la noticia le dije al Señor: *"Te entrego a mi hija. Desde hoy ella no es mía sino tuya. ¡Trátala como tu princesa!"*. Así ocurrió. Nosotros no teníamos mucho dinero pero Dios se encargó de vestir a su princesita. Desde que nació ha vestido con lo mejor y Dios siempre le ha dado lo que ella quiere. Quizás tú digas: *"¿por qué a mí no?"*. Yo también me hice esa pregunta.

Dios hizo todo. El cielo, las estrellas, los animales, los amaneceres y atardeceres, el hombre, las flores... Aunque todo fue hermoso, Dios se reservó lo mejor para el final: la mujer. ¡Nosotras somos la corona de la creación! Somos como la firma de un artista en un cuadro. Nosotras le damos valor a la creación; somos su firma. Desafortunadamente no nos sentimos así y por eso vamos arrastrando un sentimiento de indignidad. ¿Por qué la corona de la creación se siente tan insignificante?

Satanás nos consideró como una amenaza a sus propósitos y por ello nos ha tratado de destruir. El Señor profetizó sus intensiones cuando le dijo a la serpiente: *"Pondré enemistad entre ti y la mujer"* (Génesis 3:15). Estás son algunas de las armas que utiliza para hacernos sentir sin ningún valor:

1. Nos hace creer que es muy difícil seguir adelante en nuestro propósito; somos incapaces, indignas. Ha lanzado palabras y situaciones con la intensión de dañar y distorsionar nuestra imagen. Sabe que si nos sentimos inseguras, no seremos capaces de cumplir el plan de Dios y estaremos en desventaja. Nos destruye emocionalmente y, aunque seguimos viviendo, en nuestro interior ya estamos muertas. Nos odia porque podemos reflejar la belleza y la gloria de Dios además que somos capaces de dar vida.

2. Desea destruir la relación con nuestra mamá porque con ella aprendemos lo que significa ser mujer. En la cultura angloamericana no existe una rivalidad tan marcada entre madre e hija como en América Latina. En Australia vi a tres generaciones de mujeres pasándola muy bien juntas, hablándose con amor, sin competencia ni odio. ¿Por qué no es posible tener esta clase de relación en Latinoamérica? Hemos aprendido de la cultura machista en la cual se exalta al hombre y se aplasta a la mujer. Lo hemos permitido al no saber qué significa ser mujer.

3. Destruye la relación con nuestro papá por medio del divorcio, el abandono, el abuso y la muerte. La figura paterna es importante para que la mujer se vea y sienta valiosa.

4. Ha llevado a las mujeres a una competencia extrema entre su género. Nos envidiamos el cuerpo, la cara, la ropa, el novio… ¡la lista es interminable! Esto genera insatisfacción permanente.

Ahora te doy buenas noticias acerca de la mujer:

1. NACIMOS PARA BRILLAR.

Mostramos la hermosura de Dios, su ternura y dulzura. Mostramos la parte maternal de Dios.

2. NO FUIMOS CREADAS PARA SER CONFORMISTAS.

Hemos sido diseñadas para dar vida, cambiar colores, reubicar las cosas, desear siempre más, algo mejor; ir al siguiente nivel. Así complementamos a los hombres. Ellos podrían usar el mismo pantalón toda la vida, si no tuviesen una mujer a su lado. Dios nos creó para llevar a nuestro papá, hermano, esposo o amigo a un mejor nivel.

3. SOMOS ÚNICAS.

Una rosa, un clavel, una orquídea. Estas y otras flores tienen una hermosura, forma, olor y color único. Nosotras somos así. El problema es que siempre nos estamos comparando. Nadie tiene los ojos iguales a los tuyos, tampoco la boca y la nariz porque eres un cuadro original. Dios te hizo única, incambiable, inmejorable, especial.

4. DIOS NOS HIZO PARA EXPRESAR BELLEZA.

Cuando te arreglas, envías un mensaje: eres hermosa y te amas. Dios te hizo para ser bella y reflejarlo donde quiera que estés. Un hombre no se siente atraído a una mujer que no se arregla porque el mensaje que recibe es "no se quiere, no me va a querer".

5. NACIMOS PARA SER PRINCESAS.

Cuando vemos una película de princesas soñamos con ser esa mujer hermosa que baila muy bien. Cuando termina la película, sigues sentada en el sillón siendo la misma. He encontrado en Dios a un Rey. Si mi papá es un Rey, entonces yo soy una princesa porque soy su hija. Te invito a que empieces a vivir como una princesa que el Padre compró con la muerte de su Hijo para redimirte, y pudieras ser llamada "hija del Rey". En nuestros sueños nos vemos siendo rescatadas por un hermoso príncipe dispuesto a dar su vida para salvarnos. Eso lo hizo Jesús en la cruz ¿recuerdas? Fuimos rescatadas del pecado y de las garras de Satanás. Mira a Jesús como ese Príncipe con el cual siempre has soñado.

Conocí a Jesús a los quince años en un pequeño pueblo de Colombia. A los diecisiete tuve que dejar a mi familia para ir a Bogotá a estudiar. No conocía la ciudad. No tenía amigos ni novio; me sentía sola. Vivía con una tía y todos los fines de semana sus hijos salían con sus amigos y yo me quedaba sola. En esos momentos me ponía a llorar y extrañaba a mis papás. Un día cerré mis ojos y le pedí a Jesús que fuera más que mi Dios. Le dije que yo quería que él me recogiera en su hermoso auto convertible. Recuerdo que en mi oración estaba vestida y peinada como las princesas que había visto en mis sueños. Pude ver cómo llegó, timbró a la puerta de la casa y yo salí. Me saludó como todo un caballero, me acompañó hasta el auto y me llevó a través de un hermoso campo de flores a un lugar donde se encontraban muchas mujeres, pero me había escogido a mí para que yo bailara por la eternidad con él. Me abrazó. Me dijo al oído que no estaba sola. Me contó cuánto disfrutaba pasar tiempo conmigo porque lo hacía reír. Lo que más impactó mi corazón fue escucharlo decir que me amaba tanto que había dado su vida por mí.

En ese hermoso lugar, mis grises se llenaron de color. Tenía un amigo a quien le podía contar todo, tenía un novio que nunca me iba a dejar. Mi barca vacía se llenó con su calor. Sus brazos me rodearon y nunca más volví a llorar de soledad porque ahora lo tenía a él. La tristeza ya no tenía lugar.

Cada vez que cierro los ojos aquella imagen viene a mí y me hace sonreír. No lo puedo evitar. Desde mi corazón le expreso una canción a mi amado:

> Los colores de tu amor
> Son más hermosos que el arco iris,
> Tu amor es como un pacto, tu amor borró mis cicatrices
> Tómame, Señor, tómame de la mano
> Llévame al compás, al compás que pone tu abrazo.

Imagina tu propia historia de amor con tu amado, con el Príncipe que dio su vida por ti. Obsérvalo mientras te lleva a tu lugar favorito y en el camino te abraza, te consuela, te canta, y te sonríe. ¿No te sientes como una princesa? ¿No cambia tu rostro inmediatamente? Habla con él, cuéntale de ti.

El mundo invisible es más real que el visible. Aprovecha los momentos de soledad para tener momentos románticos con Jesús. Mientras adoras a Jesús, permite que él, por medio de tu imaginación, se revele a tu vida. Así como David se inspiró en las ovejas para escribir un salmo y mostrar su relación con Dios, escribe tu propia historia de amor, donde tú eres la princesa y él es tu amado.

> "Serás en la mano del Señor como una corona esplendorosa, ¡como una diadema real en la palma de tu Dios! ya no te llamarán «Abandonada» sino que serás llamada «Mi deleite» porque el Señor se deleitará en ti" Isaías 62:3-4.

ATRÉVETE A PREGUNTAR:

Princesita… ¿yo? Sí. Pero no una de cuentos de hadas. Deja por un lado las coronitas y los vestidos medievales. Eres una que tiene una función en la vida real. Con tu personalidad, de la familia que vengas y vivas o no en un palacio, lo llevas en la sangre; no en la tuya sino en aquella derramada por ti en la cruz. Si es necesario, suelta el título de princesa y vive como su hija.

BUSCANDO: Ser prioridad.

Siendo honestas, todas necesitamos ser la prioridad de alguien. ¡No soportamos ser plato de segunda mesa! Parece ser algo egocéntrico. Sin embargo, esta necesidad es una característica de Dios puesta en nuestra feminidad. Piensa en esto: Dios anhela ser la prioridad en tu corazón, él anhela ser el centro de tu atención. Si él es tu prioridad, entonces tu necesidad llegará a ser satisfecha.

BELLEZA: Se ve, se siente, se oye.

Nútrela a través de tu relación con el Creador. El ser mujer te hace bella.

Consejo de belleza: Para mantener un cutis fresco puedes utilizar mascarilla de avena. Mezcla dos cucharadas de avena con leche si tu piel es seca, y con agua si tu piel es grasa. Debe quedar una pasta espesa. Aplícala en tu rostro durante diez minutos y lava tu cara con agua fría. Úsala una vez por semana si tu cutis es seco, y dos veces si es graso.

Inspírate

Por Ruth Mixter

1.i

Inspírate
Por Ruth Mixter

Cuando Akiane obtuvo su primera Barbie, se deshizo de ella. Las casitas de muñeca, el juego de platos para tomar el té o cambiarle la ropa a la muñeca de ojos grandes nunca fueron su preferencia. Lo único que necesitaba era un crayón gastado para deslizar en cualquier superficie.

Un garabato por aquí, otro por haya pero pronto dejaron de ser "cualquier garabato". Diez años después, las paredes de su cuarto están forradas de dibujos y bocetos con figuras. Camina apresuradamente desde su cuarto al estudio donde pinta aquellas nuevas imágenes que llenan su mente para dar forma a un nuevo cuadro. Durante seis días de la semana se levanta a las cuatro de la mañana para trazar pinceladas de colores durante horas. *"Ha sido todo un desafío esta pintura"* dice señalando la mano de un hombre que inició a pintar meses atrás.

Canvas y pinceles se encuentran en cada rincón de la habitación pero, ¡a quién le importa el desorden! ¡Sus cuadros se venden por miles de dólares! Tiene 14 años. Cuando conocí a Akiane, no me impresionaron sus pinturas magistralmente acabadas; me impresionó escucharla narrar cuál era su inspiración. *"Dios y yo estamos en control de lo que pinto; él es mi maestro. Inspiración es fe, cuando lo inalcanzable ya está alcanzado, y lo inconcebible ya está concebido".*

Pasé muchos días pensando en cómo alguien tan joven podía tener una revelación de lo que significa estar inspirado; cómo una mente inexperta maneja un don tan enorme y cada día es una inspiración para crear cosas maravillosas. Me pregunté *"¿Qué nos hace perder la chispa de la inspiración? ¿Por qué hay gente frustrada y desilusionada de su vida? ¿Qué fue aquello que les apartó de sus sueños?".* Aquellos sueños pasaron a ser simples memorias ridículas dentro de almas heridas.

Las frustraciones te cegaron, el rechazo quebrantó la confianza en ti misma, el abuso de otros paralizó tus pies. Te han convencido que debes tener éxito para ser una mujer completa pero ello se ha transformado en temor a la vida, miedo al fracaso. Tu andar se ha vuelto pesado y cargado por el viaje de la vida… perdiste el gozo de vivir la experiencia de tropezar y volver a caminar después de una caída. Aquella luz que te guiaba en el camino… se apagó. ¿Has perdido tu inspiración?

La inspiración que necesitas está dentro de ti. Rasgos del ADN de Dios están perfecta y delicadamente tejidos en tu alma porque provienes de él; tienes su semilla plantada en ti. Eres hechura suya, creada para buenas obras que Dios preparó de antemano para que caminaras en ellas (Ef. 2:10). Él te dotó de gracia, fortaleza y dones maravillosos para tu diario vivir. Él es la luz.

Pero, incluso bajo su resplandor, encontrarás cosas en completo desorden. Basura para tirar, razonamientos que nada tienen de realidad, personas del pasado que deben marcharse y una imagen reflejada en un espejo quebrado que no muestra la realidad de quién eres en Jesús. Cristo es la luz pero… en algún momento decidiste apagarla. A pesar de ello, él nunca se fue.

Inspiración no es una fuerza externa que te hace crear cosas y lograr proyectos para lograr el éxito. Eso es motivación. Inspiración es la fuerza interna que *emerge* dentro de ti, la cual abre tus ojos a una realidad distinta a tu condición actual; tu mente y la de Cristo son semejantes y los pensamientos de limitación son imposibles. La vida deja de ser amarga, el éxito es un resultado, no la meta, disfrutas en las buenas y malas circunstancias… En tu proceso te mides con Cristo. ¡Él y tú son similares!

Vivir Inspirado es estar consciente que *nada ocurre por casualidad.* Cada momento trágico y doloroso en tu vida está tejiendo el carácter y el amor de Dios que prevalece cuando más lo necesitas. Al ver a Dios en tu dolor, te encuentras en un nuevo mundo, donde todas las cosas son posibles porque él te fortalece (Filipenses 4:13). Allí la inspiración se vuelve fe. Akiane lo sabe: "donde lo inalcanzable ya está alcanzado". Inspiración, es **vivir desconectada de lo que te oprime y conectada con Dios.**

¿Cómo logras esa inspiración para que rompa las barreras mentales y sea lo que Dios soñó para ti? ¡No alimentes tus miedos! El escritor Napoleón Hill dice: *"Los miedos son estados mentales".* Tu mente es poderosa, capaz de moldear tu entorno de acuerdo a tus pensamientos. La Biblia dice que somos lo que pensamos (Proverbios 23:7 primera parte).
No escuches lo que temes, escucha lo que sabes. Tú sabes quién eres en Dios. No eres un evento fortuito o resultado de un accidente, eres hija de Dios, y si hija también heredera de promesas de victoria. (Romanos 8:17).

En el proceso de una vida de inspiración, debes estar preparada para escuchar cómo algunos no están interesados en lo que sueñas. No creerán los planes que hay en tu corazón para el futuro; otros dirán que tu estilo de vida es anticuado y poco realista. No naciste para vivir bajo las expectativas de otros. Tú tienes tu propio destino. Mantente íntegra, firme y con sabiduría dentro de tu propósito y aprende de Jesús, quien en muchas ocasiones "les pasó por en medio" a judíos y fariseos en desacuerdo con sus ideales (Jn. 8:59). **El conflicto con otras personas drenará tus energías** ¡No caigas en esa trampa! Jesús entendió que no todos los que le rodeaban estaban dispuestos a caminar hombro a hombro con él por causa de su misión y llamado. Nunca les rogó que se quedaran. Permanecieron con él quienes debían acompañarle durante el tiempo que estuvo en la tierra. Así sucederá contigo. Quienes deban acompañarte en tu propósito llegarán a su debido tiempo.
Saca de tu agenda las cosas innecesarias. La sobre-ocupación te estresa y disipa la chispa de la inspiración. Recuerda que hay tiempo para todo (Eclesiastés 3: 1 a 9). Aprende a decir NO cuando

sea necesario. Los momentos de soledad son vitales para poder establecer tus prioridades, meditar sobre tu presente, establecer qué deseas para el futuro, revisar aquellos errores del pasado que han dejado una lección para tu vida y examinar tu corazón a la luz de la palabra de Dios para que seas transformada a través del Espíritu Santo.

Recibe la inspiración de Dios en el tiempo que él desea. No pretendas forzar el *momentum*. Él no está limitado por tus circunstancias. Las mejores ideas pueden desencadenarse y apoderarse en medio de las circunstancias que menos te imaginas. La misma crisis puede ser, incluso, el momento indicado para que Dios te dé las ideas y los sueños. Pero debes permanecer, resistir y atacar sin tomar los caminos rápidos como lo hacen muchos cuando están en momentos de desesperación. Permanece. El poeta Robert Frost escribió **"el camino menos transitado hace toda la diferencia".**

Marie Curie, investigadora polaca, fue inspirada a estudiar física y química. Su perseverancia la encaminó al descubrimiento de dos nuevos elementos químicos: el radio y polonio; Amelia Earhart, aviadora estadounidense, con constancia logró ser la primer mujer en cruzar sola el Océano Atlántico; Clara Barton, después de tratar heridos en la guerra civil estadounidense, fue inspirada para fundar la Cruz Roja Americana. Ellas fueron inspiradas para inspirar a otras así como Akiane, una pintora dispuesta a escuchar a Dios para encontrar su inspiración y crear las hermosas pinturas tan cotizadas por los amantes del arte, quienes seguramente, son inspirados al verlas. Tu vida fue creada para inspirar a otros y tu *tiempo* está en camino. Requerirá paciencia, esmero, actitud positiva, pero sobretodo, estar conectada con aquel que es la fuente de toda inspiración, quien te ayudará a ver el mundo y sus colores, la vida y sus oportunidades. Cristo. Déjate sorprender e ¡Inspírate!

BUSCANDO: Inspiración.

1. Mantén un corazón agradecido. La gratitud siempre te hará recordar lo que Dios ha hecho en tu vida. Salmo 103:2.
2. Piensa en todo lo bueno. Filipenses 4:8.

Y, como dice el refrán, "si no piensa bien, no piense mucho".

BELLEZA: Siente tu belleza.

Como mujeres, parte de nuestra inspiración, es sentirnos bellas. Busca un tiempo durante el día para ti. Toma una ducha larga, arregla tu cabello, cuida tus uñas; realiza algo que resalte tu belleza.

Consejo de belleza: Embellece tu cabello disolviendo dos cucharadas de miel en cuatro tazas de agua tibia. Aplícalo después de lavar tu cabello. No necesita enjuague.

ATRÉVETE A PREGUNTAR

¿Cómo mantenerme inspirada?

Lo primero que tienes que reconocer es que no hay inspiración duradera si no viene de Dios, todo lo demás puede ser muy útil pero dura poco. La inspiración de Dios es como un fuego que te hace estar viva. En **2 Timoteo 1:6** encontramos el consejo de Pablo a Timoteo en el cual le dice que él es el responsable de avivar ese fuego. Tú y yo somos las responsables de mantener esa inspiración. "Lo que ganas en oración se mantiene en oración".

¡Es que mis papás no me entienden!

Por Valeria Leys

12

Es que ¡mis papás no me entienden!

Por Valeria Leys

"Hijos, obedeced en el Señor a vuestros padres, porque esto es justo… Y vosotros, padres, no provoquéis a ira a vuestros hijos, sino criadlos en disciplina y amonestación del Señor." Efesios 6.1, 4

Muchas chicas se me han acercado contándome acerca de la tormentosa relación que tienen con sus padres. A veces se expresan como si estuvieran hablando de una peste incurable. Las escucho contar de lo que viven en sus casas y me imagino que viven en el castillo de Drácula. Algunas de las historias que me han compartido me dan ganas de llorar o, como dice mi esposo, ¡dinamitarles la cama matrimonial a sus padres! En realidad, en la mayoría de los casos lo que veo, es que los padres simplemente dan una enorme prueba de amor hacia sus hijos. Cuando somos jóvenes esas demostraciones no siempre resultan una prueba clara y comprensible; lo sé porque recuerdo mi propia adolescencia.

Lo cierto es que hoy, padres e hijos, vivimos en dos planetas diferentes. Quizás te gusta *chatear* con chicos de otros países, dejar tu opinión en algún foro de moda, y averiguar más en Internet sobre tu programa de televisión preferido. Tus padres, en cambio, ni siquiera saben encender la computadora. Tu música y la de ellos no suenan parecido y, si hablamos de modas, no hay nada más equivocado que cuando tu mamá te habla de lo que está a la moda… ¡Si supiera! Además de estas diferencias evidentes, hay valores que se manejan de manera distinta y muchas de las costumbres de tus padres te parecen del tiempo de las cavernas.

Para ellos tampoco es fácil entender el planeta en que vives. El mundo ha cambiado demasiado respecto al que ellos conocían cuando tenían tu edad. Por esta razón, muchas veces te ocurre lo siguiente:

- A tus padres no les importa demasiado lo que tienes para decir.
- Cuando te cuentan lo que ellos vivieron en su adolescencia, están dándote una clase de prehistoria y, para colmo, terminan diciéndote ¡no! a algo que quieres hacer.
- Al hablarles de tus problemas, ellos tratan de contarte otro peor que les sucede o sucedió a ellos.
- Creen que sólo te funcionan dos neuronas y que estás dispuesta a donar una de las dos para comprarte ropa nueva.
- Deseas recordarles que tu cumpleaños número 3 sucedió hace mucho tiempo.
- Sientes que… ¡todo está perdido y que ya te arruinaron la diversión de una vida!

Todo esto tiene una explicación. El mundo ha cambiado más en los últimos 20 años que en los anteriores 200. El cambio ha pisado el acelerador. Reflexiona en esto:

De lo absoluto a lo relativo

Los medios de comunicación que generan la opinión que tiene la gente, mezclaron los negros y los blancos morales y de esa manera crearon una infinita gama de grises. Conductas que antes eran inadmisibles, hoy se presentan como una posibilidad más. En el terreno religioso, los jóvenes dicen que hay muchos caminos y que todas las religiones son igualmente válidas. Los valores ya no se consideran absolutos sino como relativos a la conveniencia de cada uno. Navegas por Internet y puedes encontrar la información científica más actualizada o la peor basura pornográfica. Lo mismo ocurre en todos los terrenos. Tú tienes que elegir.

De la familia a la multifamilia

Un tercio de los niños en Estados Unidos crece sólo con uno de sus padres en casa. La estadística no es muy diferente en el resto de Latinoamérica. Mi hermana Florencia era la única de su clase que tenía a papá y mamá en casa. Entre los latinos que pastoreamos con mi esposo en California, ocho de cada diez de los jóvenes del ministerio tenían a uno de sus padres ausentes.

De lo duradero a la imagen

Hoy lo que importa es estar a la moda. El gigantesco aparato publicitario armado por los grandes empresarios, dice que para muestra basta una imagen, y han logrado que ella gobierne hoy a miles de voluntades. Por eso encontramos cientos de chicas que mueren por verse flacas, o jóvenes que insultan a sus padres porque no pueden tener el último jean.

De la productividad al placer

Los jóvenes quieren disfrutar del momento. Nuestros abuelos, en cambio, tenían una especial fascinación con el trabajo. Había que progresar y hacer. Ahora la publicidad nos hace creer que es posible producir de manera instantánea aquello por lo que nuestros abuelos lucharon. Ocio o *relax* eran malas palabras algunas generaciones atrás; hoy son un sinónimo de bienestar.

¡Es increíble todo lo que la publicidad intenta hacernos creer! Si tienes una tarjeta de crédito, ¡el mundo está en tus manos! Si tienes tomas determinada marca de gaseosa, serás aceptado por los de tu generación. Si bebes la cerveza correcta, unos ojos azules quedarán mirando a los tuyos. ¡Nunca en la historia hubo tantas formas de entretenimiento, modas, productos o ropa! La industria del placer es gigantesca. La vida será cada vez más cómoda y este cambio irá formando nuestra manera de pensar.

¿El espejo de mamá?

En mi vida no soy más que un reflejo de mi mamá, y te doy una noticia: en tu caso también. Hay muchas actitudes que te molestan de tus padres, y sin embargo las tienes instaladas en tu personalidad. Mi esposo escribió esto en uno de sus libros respecto a su relación con su mamá: "Mamá y yo éramos muy parecidos y por eso tantas veces chocábamos de frente. Por otro lado, algunos de los sucesos más maravillosos de mi vida tienen a mi mamá como protagonista. Ella me dio a luz. Me alimentó por primera vez. Me llevó el primer día a la escuela. Me enseñó a leer. Me guió a entregarle mi vida a Jesús. Me puso límites sabios cuando pasé por las tentaciones de la adolescencia. Me aconsejó bien cuando yo no sabía qué hacer con mi vida al salir del secundario. Me dio una opinión certera cuando le pregunté qué pensaba de la que hoy es mi esposa. Me soltó con seguridad cuando le dije que me iba a estudiar a otro país y siempre oró por mí en cada circunstancia. Mi mamá me acompañó hacia la adultez y, pensándolo bien, no fue nada fácil hacer eso conmigo. Tuvimos nuestras discusiones, nuestros gustos distintos y opiniones diferentes acerca de cómo hacer o decir ciertas cosas. Pero poniéndolo en perspectiva, nuestras dificultades giraban en torno a cosas pequeñas... aunque en el momento me parecían gigantes. En las cosas grandes de la vida siempre conté con su ayuda."

Estoy segura que te sucede algo parecido. Modas, música y horarios no son el tema de las conversaciones preferidas con tu mamá, pero lo más probable es que detrás de esos gustos diferentes, tu mamá esté pensando en la manera de ayudarte a llegar a ser una persona feliz.

¿La princesa de papá?

Si tuviste la bendición de tener un padre en tu casa, es muy probable que haya sido el responsable de que tuvieras que comer, vestir y pudieses ir a la escuela. Junto a tu mamá, ha procurado que llegues hasta aquí sin enfermedades, accidentes o problemas mayores. Podrás decir que quizá no lo logró del todo. Pero te aseguro que se ha levantado todos los días pensando en eso. Tengo amigas que no han tenido a su papá en casa y todo aquello lo hizo su mamá. Ellas te podrían decir cuánto darían por haber tenido a papá cerca. Daniel era muy estricto para mi gusto. Te estoy contando de mi papá. Y no me dejaba hacer muchas cosas que yo quería. ¡Ni siquiera creía en el noviazgo! Decía que dos jóvenes que se amaban y entendían que era la voluntad de Dios que estuvieran juntos, debían casarse directamente. Por eso me costó mucho poder salir con Lucas, quién es hoy mi esposo. Pero así fue como él me cuidó de relaciones que podrían no haber sido tan hermosas y el resultado fue que me casé con el hombre de mis sueños y hoy tengo una familia de la que estoy orgullosa.

Ser la princesa de papá no sólo significa que te van a comprar vestidos cuando quieras sino que también te enseñan a obedecer al Rey. Dale gracias a Dios por tu papá. Aunque muchas veces pienses que tienes la razón y él debería ser mejor, el es tu papá y es una buena idea respetarlo y ser paciente con él como un día vas a tener que hacer con tu esposo para ser una mujer feliz.

Una estrategia nueva

Quizás es tiempo de renegociar tu relación con tus padres. Tengas la edad que tengas, te animo a que sientes a tus papás a la mesa y hables de tu relación con ellos. ¿Como si fueras un adulto? Sí. El hecho que les digas que quieres conversar sobre eso los impresionará.

Quiero que tengas claro lo siguiente: tú alimentas las ideas que ellos tienen de ti. Por ejemplo: si tus papás no tienen ninguna razón para tenerte confianza, no esperes que la tengan. No te portes como un ratón, y te librarás de los gatos.

Algunos consejos prácticos:

1. Conoce bien a tus padres

Presta atención a los detalles. ¿Qué les gusta? ¿Qué cosas no soportan? ¿En qué momento de la semana están de mejor humor? ¿Cuál es el momento ideal para pedirles algo? ¿Qué los conmueve? ¿Qué los hace sentirse felices o ponerse de buen humor?

2. Reconoce abiertamente sus virtudes

Cuando descubres que tus padres tienen una virtud, intenta por todos los medios de destacarlas en público. ¿Cómo? Ante un tío, una tía, en la iglesia o cuando vienen visitas. Tus papás te verán con el corazón conmovido ¿Qué cosas le gustan a tu papá? Dale una sorpresa y regálaselo. Tu mamá es la que pone el énfasis en las relaciones así que, de tanto en tanto, escríbele cosas lindas en una tarjeta.

3. Discute en privado sus defectos

Cuando hay algo de tus padres que continuamente te saca de tus casillas, no dispares acusaciones cuando otros están escuchando o cuando estás en el fragor de una discusión. Busca el momento adecuado; tiene que haber intimidad. Comienza el reclamo diciendo cómo te sientes, y no hagas una acusación directa.

4. Gánate su confianza

Muestra interés en eso que consideras su "vida aburrida". Pasa tiempo con ellos por puro gusto, cuando no tengas la obligación de hacerlo. Cumple con tu palabra. Cuando te hayan puesto límites, cumple tu parte antes de que te lo reclamen. Si obedeces, seguramente ese límite será más suave la próxima vez. Cuéntales de tus valores y tus convicciones, y coméntales de alguna ocasión en que fuiste valiente defendiendo lo que crees.

5. Pide perdón y comienza de nuevo

No seas cabeza dura cuando te equivoques. Si te metiste en lo que no debías, les gritaste barbaridades, manipulaste a uno en contra del otro, desobedeciste… pide perdón. Límpiate el maquillaje de la arrogancia; libérate de él porque no ayuda a nadie. Ellos son tus padres. Pide perdón y podrás volver a comenzar sin acumular puntos en contra. Además, aprende a perdonarlos. Ellos también se equivocan como tú.

ATRÉVETE A PREGUNTAR:

¿Tengo siempre que obedecer a mis padres? Depende. Debes tener presente la diferencia entre honrar y obedecer. Independientemente si tus padres son cristianos o no, debes honrarlos siempre (hablar bien de ellos, respetarlos y tenerlos en alta estima). La obediencia debe estar basada en los principios que Dios nos da en su palabra y también es una forma de honrarlos.

BUSCANDO: Cambiar a mis papás.

Da tú el primer paso. Pon en práctica los consejos de Valeria y recuerda, todo cambio duradero lleva tiempo.

BELLEZA: Sonrisa que perdura.

El más beneficiado en adquirir sabiduría eres tú. Sin embargo, provoca la alegría del corazón de tus padres. Proverbios 23:15

Consejo de belleza. Contra Barros y Espinillas. Cambia la funda de tu almohada con mucha frecuencia para evitar que la grasa de tu piel se acumule en la almohada y contamine tu piel.

Aline Barros

Es una vocalista gospel brasileña, nació en Rio de Janeiro, Brasil. Es hija de pastores y creció en un ambiente cristiano lo que se convirtió en una parte importante de su vida diaria. Ha estado envuelta en la música desde muy temprana edad. A los 9 años ya formaba parte activa del ministerio musical de su padre Ronaldo Barros. A la edad de 14 años grabó su primer álbum sencillo "Tua Palabra" el cual se mantuvo en la posición N° 1 por 45 días en el mercado de Rio de Janeiro. A los 16 años grabó "Consagração" el cual permaneció en la posición N° 1 por nueve meses en el ranking de música gospel. Está casada con el reconocido futbolista y atleta de Cristo, Gilmar Jorge.

Gimena Sánchez Arnau

Ha trabajado con jóvenes y adolescentes por casi dos décadas en diferentes funciones, aunque su pasión siempre ha sido el discipulado. Es especialista en trabajo social y ha trabajado en la investigación de los diferentes aspectos de la inserción de los adolescentes en la sociedad. Por muchos años fue la secretaria ejecutiva de Especialidades Juveniles internacional y hoy trabaja con Juventud para Cristo en la evangelización de la juventud latinoamericana.

Gloria Vázquez

Es originaria de México D. F. donde por 10 años junto con su esposo tuvieron uno de los grupos de jóvenes más grandes de México. Es fundadora de Amigas Punto Com, organización no lucrativa reconocida por sus eventos, talleres y programas de radio y televisión para la comunidad hispana. Gloria está a cargo del grupo de jóvenes llamado: T N T (Transformando Nuestra Tierra), el cual intenta crear un espacio para jóvenes de 15 años en adelante, para que tengan un lugar de aceptación y donde puedan recibir enseñanzas dinámicas y relevantes a su problemática. Actualmente vive en San Diego, CA.

Gloriana de Montero

Junto a su esposo Danilo, trabaja bajo el ministerio «Sígueme» impartiendo conferencias y congresos en países de habla hispana. Además, juntos sirven dentro del equipo pastoral de la iglesia hispana de Lakewood Church en Houston, Texas.

Gloriana imparte conferencias para mujeres y jóvenes en Latinoamérica con el propósito de animarlas a vivir sus vidas apasionadas por Jesús y a desarrollar sus dones en el servicio a Dios. Por su profesión en el área de las finanzas y sus estudios de teología trabajó con el ministerio de alcance mundial CBN estableciendo centros de consejería en Perú y Brasil y desarrollando proyectos humanitarios en Cuba, Guatemala, México y Costa Rica.

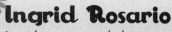

Ingrid Rosario

Ingrid posee una de las voces más poderosas y cautivadoras de la música cristiana de hoy. Uno de sus mayores atributos es no sólo para cantar con su voz, sino con su corazón. Le gusta compartir su música en todo el mundo, mientras cumple con el propósito de Dios para su vida. Sin embargo, su mayor alegría es ver a la gente venir al Señor y entrar en su presencia a través de la adoración. Actualmente reside en Miami, Florida, junto con su esposo Anthony López, y asiste a la Iglesia Metro Life Church con los pastores Steve y Mary Alessi.

Karen Lacota

Ha trabajado en la educación como profesora de escuelas secundarias y por muchos años en el discipulado personal de cientos de adolescentes. Karen es una requerida y dinámica expositora en eventos para jóvenes y líderes juveniles y tiene una poderosa pasión por ver levantarse a líderes de jóvenes que sepan comprender el corazón de esta generación. Junto a su esposo Paolo lideran Especialidades Juveniles en Paraguay dónde realizan Cumbres y entrenamientos para miles de pastores y líderes juveniles de su país.

Kristy Motta

Pastorea adolescentes y jóvenes junto a su esposo David Padilla en el vibrante ministerio CONEXIÓN Y FUSIÓN de la iglesia Vida Real en la ciudad de Guatemala. Ha grabado numerosos discos con Integrity Music y posee una voz privilegiada que la ha llevado a innumerables escenarios en todo el continente americano. Kristy tiene una enorme pasión por ayudar a jóvenes a desarrollar plenamente su potencial y una debilidad especial por ayudar a chicas a cumplir sus sueños. Puedes visitar conexionella.com

Miriam Bloise

Desarrolla su ministerio a través de la música como cantante y compositora. En este último tiempo su voz se hizo escuchar en los eventos cristianos más representativos de su país y ha cruzado las fronteras de la iglesia para abrirse paso en eventos del ámbito social y político a través de una de sus canciones más conocidas "Argentina, te levantarás". Esta misma ha sido solicitada por varios países latinoamericanos debido a su fuerte énfasis profético.

Raquel López

Dirige junto a su esposo Eliezer Ronda la oficina de Especialidades Juveniles Puerto Rico. Además trabaja como la Coordinadora General del Instituto CanZion Puerto Rico donde se ha desempeñado cabalmente coordinando los eventos. Se desenvolvió como la líder del Ministerio de Jóvenes en la Iglesia Cristiana Casa de Refugio en Bayamón, Puerto Rico por varios años. Obtuvo recientemente una Maestría en Relaciones Públicas y un Certificado Pos-Grado en Ministerios Urbanos para la Juventud en el Seminario Teológico de Fuller en Pasadena, California. Ha contribuido activamente con artículos especializados en juventud para algunas revistas y portales de Internet y también ha servido como invitada en programas radiales para hablar acerca de la juventud.

Rocío Corson

Está casada con Andrés Corson, quienes son los pastores fundadores de "El Lugar de su Presencia", una iglesia en Bogotá, Colombia; con más de doce mil personas y con un crecimiento permanente. Fue injertada a una familia con legado ministerial y hoy es madre de dos hijos hiperactivos Daniel y Christy; quienes son su ancla en la tierra. Rocío es una mujer con mucho carisma, alegre y apasionada por su Dios. A ella le gusta encontrar el potencial en las personas y desarrollarlo. Uno de sus deleites es tomar cada mañana 'café con Jesús' y quiere contagiar a la nueva generación con esa pasión.

Ruth Mixter

Es una cantautora nicaragüense que interpreta con extraordinaria pasión y unción. Es mayormente conocida por su enfoque a inspirar y levantar la fe de sus oyentes. Desde sus inicios en la música, Ruth entendió que su misión no era "cantar bien", sino "comunicar bien" su mensaje para provocar cambios en la vida de la gente en busca de un milagro y sentido para vivir. De allí su empeño por escribir canciones de mucha inspiración. Ruth posee un talento vocal impresionante que lo cultiva con mucha disciplina y esmero. Hoy reside en Puerto Rico. Puedes acceder a su sitio de internet en: www.ruthmixter.net

Valeria Leys

Es profesora de educación física, ha sido pastora de jóvenes en California y sirve al Señor desde su adolescencia guiando a otros jóvenes a una relación personal con Jesús. Ha sido la coordinadora de contenidos de la página www.especialidadesjuveniles.com sirviendo a miles de líderes juveniles en el mundo de habla hispana y lidera la agenda de la gira Generación Líderes, el seminario intensivo de pastoral juvenil de Especialidades Juveniles que recorre las Américas ofreciendo entrenamiento práctico a quienes sirven a la juventud. Está casada con Lucas Leys con quien han desarrollado varios materiales para la juventud y tiene dos hijitos hermosos llamados Sophie y Max.

Créditos

Escritoras Invitadas

1. Kristy Motta de Padilla- Guatemala
2. Aline Barros- Brasil
3. Karen Lacota- Uruguay
4. Miriam Bloise- Argentina
5. Gloria Vásquez – México
6. Ruth Mixter- Nicaragua
7. Ingrid Rosario- Estados Unidos
8. Gimena Sánchez – Argentina
9. Gloriana Montero- Colombia
10. Rocío Corson- Colombia
11. Raquel López- Puerto Rico
12. Valeria Leys- Argentina

Equipo Edición

1. Kristy Motta de Padilla (Edición)
2. Ana Lucía Guzmán Franco (Lengua y redacción)
3. Aury Ceballos (Lengua y redacción)
4. Flor Coyoy de Ziesse (Soporte Psicológico)
5. Sonia Guzmán Franco(Lengua y redacción)

Segmentos "Belleza", "Atrévete a Preguntar" y "Buscando"

1. Kristy Motta de Padilla
2. Ana Lucía Guzmán Franco
3. Aury Ceballos
4. Flor Coyoy de Ziesse
5. Sonia Guzmán Franco

El Rockero y la Modelo
QUE LLEGARON VÍRGENES AL MATRIMONIO

Encuentros
al Límite
por Lucas Leys

encuentros al

lucas leys

Editorial Vida

Seguir a Jesús
por Mike Yaconelli

Seguir
a Jesús

UN CAMINO SIMPLE Y PURO

Mike Yaconelli

Editorial Vida

ROJO
CUANDO UNA NUEVA GENERACIÓN LE ADORA

Mucho más allá del escenario y la euforia, Emmanuel Espinosa y los integrantes de ROJO hablan de los retos y desafíos que han vivido como grupo y ministerio. Exponen como ninguna situación adversa en la vida es suficiente para silenciar la canción que le podemos entonar a Dios en todo momento.

Editorial Vida

Especialidades Juveniles

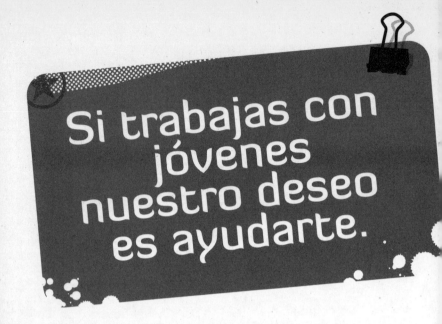

Si trabajas con jóvenes nuestro deseo es ayudarte.

Visitanos en:
www.especialidadesjuveniles.com

especialidadesjuveniles.com

Un montón de recursos para tu ministerio juvenil
info@especialidadesjuveniles.com

Nos agradaría recibir noticias suyas.
Por favor, envíe sus comentarios sobre este libro a
la dirección que aparece a continuación.
Muchas gracias.

vida@zondervan.com
www.editorialvida.com